Listening

Listening as a Radical Act of Love, Justice, Healing, and Transformation

> 다른 사람과 대화 중에 드는
> 취약함, 불편함, 불안, 분노 또는
> 원망의 감정을 식별하는 법을 배우라.
> 그러한 감정이 생길 때 알아차리라.
> 그럴 때는 멈추고 그 느낌을 인정한 다음,
> 다른 사람이 아닌 당신 안에서 무엇이
> 그 감정을 일으켰는지 생각해 보라.

경청

사랑, 정의, 치유, 변화를 위한 급진적인 행동

샤론 브라우닝
도나 더피
프레드 마곤두
존 A. 무어
패트리샤 A. 웨이
지음

김복기 옮김

Copyright © 2024 by Sharon Browning, Donna Duffey, Fred Magondu, John A. Moore, Patricia A. Way

Originally published in English under the title;
  THE LITTLE BOOK OF **Listening**: *Listening as a Radical Act of Love, Justice, Healing, and Transformation*
     by Sharon Browning, Donna Duffey, Fred Magondu, John A. Moore, Patricia A. Way.
Published by Skyhorse Publishing Inc.
307 West 36th Street, 11th Floor, New York, NY 10018 USA.
All rights reserved.

Korean Editions Copyright © 2025, Daejanggan Publisher, Nonsan, South Korea.
This Korean edition published by arrangement with Skyhorse Publishing Inc. through Shinwon Agency Co., Seoul.

정의와 평화 실천 시리즈
경청 – 사랑, 정의, 치유, 변화를 위한 급진적인 행동

지은이	샤론 브라우닝, 도나 더피, 프레드 마곤두, 존 A. 무어, 패트리샤 A. 웨이
옮긴이	김복기
초판1쇄	2025년 9월 2일
펴낸이	배용하
책임편집	윤찬란
등록	제364-2008-000013호
펴낸곳	도서출판 대장간
	www.daejanggan.org
등록한곳	충남 논산시 매죽헌로 1176번길 8-54, 101호
대표전화	전화 041-742-1424 전송 0303-0959-1424
분류	경청	대화	자기성찰
ISBN	978-89-7071-767-8 93180

이 책은 저작권법에 의해 보호를 받는 출판물입니다.
기록된 형태의 허락 없이는 무단 전재와 복제를 금합니다.

값 12,000원

차례

옮긴이의 글·9

1장 • 경청: 가능성 창출하기·15
2장 • 새로운 존재 방식 경청하기: 최근의 연구·23
3장 • 공정하게 경청하기: 기본 가치·35
4장 • 경청 연습·47
5장 • 경청의 핵심: 자기성찰·51
6장 • 깨어남: 경청의 걸림돌 식별하기·61
7장 • 반응이 아닌 성찰: 온 마음으로 대응하기·81
8장 • 내면의 안내 경청하기: 자기돌봄·97
9장 • 공동체 안에서 경청하기: 피해 전환과 정의 실현·111
10장 • 경청과 가능성: 변화된 세상·123

회복적으로 사는 열 가지 방법-하워드 제어·131
추천 도서 목록·133
도움 주신 분들·136
미주·137

옮긴이의 글

정의와 평화 리틀북 시리즈 출간과 더불어 한국 사회의 회복적 정의 지평이 넓어졌다. 때로는 책을 소개하면서, 때로는 출판사 대표로 책을 만들면서, 때로는 책을 번역하면서 리틀북과 친분을 쌓아왔다. 출판했던 시대와 이름에 걸맞게 리틀북은 한 권 한 권, 좋은 책들Goodbooks이 되어주었다. 이번 책도 어김이 없다. 정말 모든 사람에게 필요한 태도와 성품을 만들어 주는 "경청"이 주제라 더 그렇다. 리틀북의 모든 책이 유익하지만, 이 책은 어느 책보다 관심이 더 갔고, 귀가 더 솔깃해 졌다. 아마도 지금 대통령이 된 이재명 후보의 경청투어나, 대통령이 된 후, 광주, 대전, 부산 등지에서 개최한 타운홀미팅과 같은 변화가 있어서 일까? 아니면 전문 영역, 연령, 성별에 상관없이 모든 사람에게 필요한 책이라고 느껴서일까? 영문 책이 출간되자마자 책을 손에 넣고 만지작거렸다. 이런저런 우여곡절 끝에 생각보다 몇 달 시간이 더 지나 이제서야 한국어로 출판하게 되었지만, 『경청』은 서둘러 독자들과 만남을 갖게 하고 싶은 책이다.

회복적 정의 퍼실리테이터로, 서클 강사와 진행자로, 혹은 평화를 주제로 하는 대화모임에서 많은 사람을 만나면서, 폭력이나, 갈등이나, 관계에서 입은 상처의 저 밑바닥에는 오로지 풀리지 않는 숙제가 하나 존재한다는 사실을 알게 되었다. 학교 폭력의 현장이나, 가정 폭력의 현장에도 그랬고 일상적인 삶 속에서의 잦은 갈등 속에도 그랬다. 모든 사람이 그렇게도 간절히 원하고 풀고 싶은 숙제 하나는 바로 "경청"이었다. 쉽게 말해 "내 말 좀 들어주세요!" "내 맘 좀 알아주세요!"였다.

그것을 공감이라 부르든, 연민이라 부르든, 애정 어린 눈길이라 부르든 표현만 다를 뿐, 핵심은 "내 말 좀 들어 주세요"였다. 누군가가 내 말을 들어준다면, 변화는 거기에서 시작한다는 사실을 이 책은 다양한 이야기와 현장의 목소리로 알려준다. 이 책의 저자들은 "경청"을 사람들이 관계 속에서 간절히 경험하기 원하는 사랑, 이 세상에서 맛보고 싶어하는 정의, 상처로 만질 수조차 없어 그 아픔을 달래고 싶어 하는 사람들을 위한 치유, 그리고 깨어진 관계를 회복하고 변화시키고자 하는 사람들을 위한 급진적인 행동이라 이름을 붙여주었다. 강의나 워크숍에서 수도 없이 반복했던 말, "경청이 관계와 소통의 핵심"임을 이 책은 거듭 반복하여 확인해 주었다.

인간관계에서 일어나는 모든 갈등은 소통의 장애, 즉 불통에 기인한다. 그러기에 소통이 잘 된다면 모든 일에 빛이 비치고, 희망과 가능성이 열린다. 그런 의미에서 경청은 가능성을 여는 첫 관문이다. 몇 년 전, 춘천에 있는 봄내시민평화센터에서 〈효과적인 대화와 의사소통 Tips〉라는 작은 브로셔를 제작할 때, 나는 모든 소통의 핵심은 경청에 있고, 경청의 핵심은 "진심 공감"에 있다고 적시했다. 달리 표현하자면, 모든 소통은 경청에서 시작되고 사실 이 경청은 "인간 존중"과 연결되어 있다고 밝혔다. 그런 의미에서 이 책이 주장한 『경청 —사랑, 정의, 치유, 변혁을 위한 급진적 행동』이라는 말은 백번 천번 지당하다.

진정 누군가의 목소리를 제대로 듣지 못하면, 누군가의 과격한 행동을 보게 된다. 말로 해서 안 되는 사람은 몸을 쓰기 때문이다. 폭력은 평상시에 자신의 목소리를 여러 번 들려주고 온갖 방법을 다 사용해도 안 되더라는 실망감과 좌절감이 행동으로 드러난 결과이기도 하다. 그러기에 대화 이면에 숨어있는 그 사람의 진심이 무엇인지 헤아릴 수만 있다면, 그래서 그 사람의 목소리에 귀를 기울여 잘 들을 수만 있다면 이 세상의 갈등, 상처, 폭력의 대부분은 사라질 것이라 믿어 의심치 않는다.

우리는 날 때부터 죽을 때까지 듣기를 멈추지 않는다. 인간의 입은 하나요 귀는 두 개라는 실존에 근거하여 생겨난 "말하기보다 듣기를 먼저 하라"거나 "웅변은 은이요 침묵은 금이다"부터 "듣기는 속히 하고 말하기는 더디하라"는 성서의 가르침처럼 경청의 중요성을 강조하는 속담과 경구도 우리 주변에 넘쳐난다. 그럼에도 우리는 잘 듣지 못한다. 그런 의미에서 우리 사회가 읽기, 쓰기, 말하기 연습에 들이는 시간과 노력의 십 분의 일만이라도 경청과 경청 연습에 할애한다면 개인과 공동체와 우리 사회는 엄청난 변화를 경험할 것으로 생각한다.

그렇다고 이 책은 선뜻 경청하라고 말을 앞세우지 않는다. 경청은 소통이나, 적극적인 행위이기 전에 새로운 존재 방식임을 먼저 알려 준다. 그러니 먼저 대상을 존중하는 태도를 갖고 존중의 방식으로 경청을 연습하도록 다양한 안내 지침을 제시하기도 하고, 경청이야말로 자기성찰의 핵심이라고 말해준다. 칼 로저스가 경청인 것과 경청이 아닌 것을 친절하게 설명해 준 것처럼 이 책의 저자들 또한 경청의 장애가 되는 다양한 행동들을 목록화하여 점검하도록 안내한다. 궁극적으로 경청은 다른 사람을 위한 것이 아닌 자신을 위한 것이니, 제대로 경청함으로써 자기돌봄의 지혜를 터득하도록 안내한다. 경청이 자기돌봄의 첫 걸음이기도 하지만, 결국 경청은 서로 돌봄과 공동체 돌봄의 완성임을 알려준다.

누구나 말하지 않아도 느끼고 있듯이 우리 사회는 양극화로 갈등의 첨단을 걷고 있다. 그것이 학교 폭력이든, 가정 폭력이든, 폭력의 저 깊숙한 곳에는 "들리지 않은 목소리"가 자리하고 있다. 층간소음으로 대표되는 이웃 갈등의 깊숙한 곳과 사람들의 마음과 생각 속에도 사실은 소통 부재가 똬리를 틀고 있다. 그것이 당사자 간의 만남을 가로막는 정책과 지침이 되었든, 법령의 가해자-피해자 접촉 금지 조항이 되었든 모두 간절히 원하는 것은 소통이자 소통의 핵심인 "내 목소리"를 들어달라는 외침이 자리하고 있다.

150여 쪽의 이 작은 책이 모든 문제를 해결해 주는 도깨비방망이나, 지니의 램프나, 만능열쇠가 될 수는 없겠지만, 적어도 이 책을 읽은 사람과 읽지 않는 사람에게는 적지 않은 변화와 차이를 만들어 낼 것이라 확신한다. 하워드 제어의 말처럼 "연민의 마음으로 다른 사람들의 말을 깊이 경청하고 상대의 말에 동의하지 않더라도 상대를 이해하려고 노력"한다면 적어도 이 불통과 갈등의 시기에 다른 사람은 몰라도 자기를 성찰하며 자기를 잘 돌보는 지혜는 충분히 얻을 것이라 생각한다.

끝으로 정의와 평화 실천시리즈를 꾸준히 출간해 온 대장간 출판사와 배용하 대표에게 고마운 마음을 표하고 싶다. 번역할 때마다 느끼는 것이지만, 더 잘 번역하고 싶은 마음은 있으나 부족한 언어 실력으로 한 권의 책을 더하게 되어 송구한 마음이 없지 않다. 그럼에도 이번에도 좋은 책을 소개하고 싶은 열정이 앞서 정의와 평화 실천시리즈에 한 권의 책을 더하게 되었다. 부디 이 작은 책이 소통, 관계 회복에 도움이 되고 진심으로 사람들의 목소리에 귀를 기울이게 하는 귀한 경청자료가 되길 바라마지 않는다.

- 춘천에서 김복기

1장
경청: 가능성 창출하기

> 새로운 세상은 가능할 뿐만 아니라 다가오는 중이다.
> 조용한 날이면 나는 그 숨소리를 들을 수 있다.
> – 아룬드하티 로이Arundhati Roy –

경청 또는 공정한 경청이란 일부러 미지의 영역으로 뛰어드는 것이며, 모든 만남에서 펼쳐지는 가능성에 머무르며, 변화하려는 욕망과 의지를 갖는 것이다. 이 여정에 온 것을 환영한다.

경청은 엄청난 영향을 지닌 작은 행동이다. 인간을 포함한 자연 세계에서 수천 년 동안 일어난 변화에서 우리는 충분한 증거를 찾을 수 있는데, 깊고 지속적인 변화는 종종 거의 알아차리지 못하는 작은 변화에서 시작되었다. 공정한 경청은 심오한 변화를 몰고 오는 작은 촉매가 된다. 경청은 의사소통 도구 상자 안의 또 다른 도구가 아니다. 경청이 공정하고, 공평하고, 사랑으로 행해질 때, 모든 개인적, 사회적 변화의 기초가 된다. 이러한 방식의 경청은 산만하고 상투적으로 대하는 상호작용보다 더 깊이 있다. 이러한 경청은 우리 자신과 다른 사람의 말을 의도적으로, 주의 깊게 경청하는 연습이다. 또한, 우리의 내적 과정과 사회문화적 요인이 의사소통 스타일에 미치는 영향이며, 무의적으로 드러나는 자아의 표현이 말하는 내용에 영향을 미치고, 듣는 내용을 왜곡하며 이해에 장벽을 만드는 것을 인식하는 것이다. 경청은 판단, 의제 또는 자아 없이, 호기심과 겸손함으로 순간에 머무는 것이다.

많은 사람이 자신은 이미 훌륭한 경청자라고 믿는다. 우리는 고개를 끄덕이고, 긍정하고, 들은 말을 바꿔 말해주고, 몸짓 언어를 관찰하는 등 "적극적 경청"을 실천하면서 우리가 듣기를 잘한다고 믿는다. 이러한 것은 모두 훌륭한 경청 및 의사소통의 기술이지만, 관행적이고 수행적역자 주: 경청의 초점을 열린 자세 취하기, 고개 끄덕이기, 상대를 인정하는 몸짓과 추임새 넣기, 상대의 말에 반응하거나 반복하기 등 특정 행동 유형을 하는 것에 둠일 수 있으며, 진정한 연결, 신뢰 및 이해를 방해하거나 지연시킬 수 있다. 우리는 몸짓 언어로 드러나는 내면의 정신 상태를 인식하지 못하거나, 삶의 경험과 문화적 규범이 우리의 정서적 삶을 표현하고, 보호하고, 때로는 숨기는 데 얼마나 지대한 영향을 끼치는지를 잘 인식하지 못한다. 우리가 강점이라고 생각하는 경청 습관이 실제로는 요청하지도 않은 평가, 해결책, 또는 조언을 제시함으로써 오히려 공정한 경청을 방해하는 요인이 될 수도 있다.

수행적 경청과 연결을 가로막는 온갖 장벽을 넘어서기 위해, 우리는 분리와 "타자성"otherness에 대한 우리의 인식을 뒷받침하는 가정, 신념, 행동을 의식적으로 알아차려야 한다. 그러므로 핵심 가치와 주의 깊은 자기성찰은 경청에 기반해야 한다. 우리 자신이나 다른 사람과 소통하는 모든 단계에서, 알아차림과 현존함으로 경청하기 위해서 우리는 무의식적인 반응이나 기계적인 행동보다는 주의 깊게 성찰할 필요가 있다. 이를 기반으로 경청은 말 그대로 급진적인 행동이 된다. 경청은 서로를 받아들이고 이해할 때 인간이 겪는 어려움의 뿌리 또는 근원적인 원인에 영향을 미친다. 경청은 우리를 변화시켜 정의를 경험하고, "올바른 관계" 속으로 들어가게 해준다. 또한 경청은 사람들이 자신의 이야기를 쏟아낼 수 있는, 조건 없이 수용하는 공간을 제공하는 사랑의 행위가 된다.

더불어 경청은 개인과 사회와 세상을 치유하는 핵심 요소이다. 이런 방식의 경청이 가져다주는 진정한 선물 중 하나는 자기 목소리가 온전히 들리기를 바라는 화자는 물론 청자에게도 심오하고 변화하는 경험이 된다는 것이다. 즉, 모든 사람이 공정한 경청으로 유익을 얻게 되는 것이다.

> 자기 목소리를 들어주는 것과 사랑받는 것은 너무 비슷해서 보통 사람들은 그 둘을 구별하기 어렵다.
> – 데이비드 옥스버거 David Augsberg

이런 방식의 경청이 주는 이점은 의미 있는 소통을 시작하려는 의지가 있는 모든 환경에 적용할 수 있다는 것이다. 여기에는 우리 자신을 경청하는 것뿐만 아니라 가족, 친구, 동료, 우리가 모르는 사람들, 자연 세계와의 모든 일상적 교류에서 경청하는 것도 포함된다. 일대일 교류에서만이 아니라 전문적 협업, 회복적 정의와 이행기 정의의 실행, 그리고 갈등 조정과 같은 다른 형태의 그룹 프로세스에도 적용할 수 있다. 이 책은 공정한 경청의 다양한 상황과 과정, 그리고 실례를 보여줄 것이다.

  이 책이 제공하는 통찰은 경청만이 아니다. 불의를 고발하고, 피해를 막고, 치유하는 대화를 초대하기 위한 도덕적 필요성으로서 진심을 담아 말하고, 목소리를 높이는 방법에 대한 안내도 포함한다. 그러나 이를 온전하고 효율적으로 수행하려면 우리는 자신의 고통과 더불어, 의식하지 못한 미숙한 행동으로 인류와 지구가 고통을 겪게 하고, 해를 끼치고, 혼란과 파괴를 일으키는 사람들의 고통에도 귀를 기울여야 한다. 애끓는 연민으로 경청하면 우리 사이의 장벽이 사라지고, 상상하지 못했던 해결책이 나올 수 있다.

  이 책은 독자의 필요와 관심사에 맞춰 구성했다. 핵심 가치를 기반에 두고, 인식을 향상하고, 듣고, 응답하고, 배우고, 다시 시도하면서 기술을 끊임없이 다듬는다는 차원에서 볼 때 경청은 비선형적이고 순환적인 과정이다. 이 책의 목표는 알아차림을 향상하는 것이다. 우리는 언제나 더 나은 경청자가 되어가고 있다. 과정이 핵심이다. 따라서 장을 순차적으로 읽을 수도 있고, 앞뒤로 건너뛸 수도 있다. 각자가 필요하고 원하는 것을 잘 살펴서 자신에게 공감되는 방식으로 책을 읽기 바란다.

  다음 두 장은 기초적인 내용을 담고 있다. 2장에서는 많은 분야에서 경청이 개인, 집단, 세계의 안녕에 심오한 영향을 끼치고 있음을 보여주는 연구가 점점 늘어가고 있음을 훑어볼 것이다. 3장에서는 경청의 기반이 되는 핵심 가치를 살펴볼 것이다. 4장은 경청의 기초에서 실천으로 전환할 것이다. 세상의 변화를 꾀하려는 실천 모음이다. 5~9장은 한 번에 하나씩 이러한 실천, 즉 자기성찰, 걸림돌 식별, 온 마음으로 대응하기, 자기돌봄, 피해 개선을 위한 경청을 집중해서 다룰 것이다. 각 장의 마지막에서는 연습하기에 적절한 "세부적인" 실천을 제안하였다. 책 전체에서 소개되는 이야기는 경청의 실천과 경청의 주요 개념을 설명해 준다. 10장은 이 모든 것을 연결하여 사회적 변화를 일으키고, 조화와 온전함으로 세상을 바꾸고, 가능성을 열어주는 경청의 양자론적 힘을 성찰하면서 마무리할 것이다.

책 전체에서 사용한 '경청', '공정한 경청' just listening, '공정하게 경청하기' listening justly라는 단어는 이러한 다양한 경청 방식과 경청의 능력을 의미한다.

이 책에 나와 있는 정보와 방법은 사회 및 신경 과학, 진화 생물학에서부터 신생의 영성 간 통찰에 이르기까지 다양한 분야에서 진행된 최신 연구와 최첨단의 진전을 이룬 것들을 기반으로 한다. 이러한 연구가 빠르게 전개되고 있는데, 이 책 쓰기 프로젝트가 시작된 이후도 마찬가지다. 따라서 이 책의 내용은 많은 분들의 아낌없는 기여로 가능했고, 미완성작임을 겸손히 인식한다. 이러한 관점과 실천practices이 다른 사람들의 기여로 계속 확장되고 풍부해지기를 바란다. 이 책을 당신 것으로 만들어, 문화적 규범, 통찰력, 그리고 새롭게 얻은 이해가 생길 때마다 이를 반영하도록 적응해 보라.

저자와 도움을 준 사람들

이 작은 책은 공정한 경청JUST listening이라는 프로그램을 통해 연결된 "경청자" 팀이 사랑의 협업으로 만들어 낸 결과이다. '공정한 경청'은 공공 기관에 의사소통 훈련을 제공하고, 좀처럼 경청 받지 못하는 사람들이 모이는 공간에서 경청하는 여러 자원봉사 프로그램을 지원한다. 이러한 자원봉사 프로그램 중 가장 큰 규모는 필라델피아 교외에 있는 피닉스의 주립 교도소SCI에서 수감자와 비수감자 경청자로 구성된 핵심 팀이 계발한 맞춤형 경청 커리큘럼이다. 2016년부터 코로나19 팬데믹으로 외부 자원봉사자에게 문을 닫았던 2020년까지 우리가 함께 일하면서, 200명 이상의 수감자가 경청자 훈련을 받았다. 교도소의 극심한 환경은 우리가 일상에서 마주하는 어려움을 더욱 확대할 뿐이다. 이 협업을 통해 얻은 이야기와 통찰은 책 전체에 스며들어 있으며, 교도소 환경에 대한 개인적인 경험이 있든 없든 우리 모두와 관련이 있다.

이 책의 모든 공동 저자와 공헌자들은 공정하게 경청하는 방법에 대한 훈련을 마쳤으며, 여기에는 피닉스의 주립교도소에 수감된 경청자들도 포함된다. 팬데믹 동안 우리는 서로 고립되었지만, 격리, 감옥의 벽, 나중에는 국가의 경계를 넘나들며 이 책을 썼다.

다음 장에 나오는 많은 이야기, 인용문, 실천 조항은 모두 직접적인 경험에서 나온 것들이다. 이 책에 가끔 'JL 경청자'라는 용어가 나오는데, 이는 우리 저자나 도움을 준 분 중 한 명을 가리킨다.

> 경청을 더 잘할 수 있게 된 덕분에 다른 사람들이 나에게 더 개방적이고, 솔직하며, 더 잘 표현력하게 되었다. 그 결과 관계가 더 좋아졌다. 모든 대화는 성숙의 기회이다.
> – JL 경청자

가능성

우리는 집단적으로 혼란스럽고, 해롭고, 분열적인 대인 관계 및 체계적 격변을 경험하는 극도로 어려운 시대를 살고 있다. 편협, 경멸, 증오, 극단적인 이분법적 사고라고 할만한 수많은 상호작용을 세계 곳곳에서 매일 목격한다. 그러나 이러한 혼란 속에서도 공감, 포용, 형평성, 정의 및 사랑이 특징인 사회 질서에 더 가까이 다가가는 인간 활동의 범위pocket도 커지고 있다. 공정하게 경청하는 것은 온전함과 일치로 나아가 우리가 간절히 원하는 변화에 이르는 과정에서, 작지만 필수적이고 없어서는 안 될 부분이다. 이 작은 책에 나와 있는 방법과 실천조항은 일상적인 만남을 개인적, 사회적 변화와 변형을 위한 강력한 수단으로 바꿔준다. 모든 개개인의 만남은 저울의 균형을 바꾸고 우주의 도덕적 흐름을 정의를 향해 바꿀 수 있다.[1]

모든, 개개인, 한 명.

"미래를 결정짓는 어두운 운명은 없다. 미래는 우리가 결정한다. 매일, 매 순간, 우리는 우리의 삶과 지구상에서 인간 삶의 질을 창조하고 재창조할 수 있다. 이것이 우리가 휘두르는 힘이다."[2]

책을 읽는 내내 함께 이 힘을 품어보자. 함께 경청해보자.

2장

새로운 존재 방식 경청하기: 최근의 연구

우리가 열망하는 것이 모두를 위한 정의라면,
그것이 모든 창조물을 위한 정의가 되게 하라.
– 로빈 월 킴머러Robin Wall Kimmerer –

지난 반세기 동안, 경청 연구는 주로 교육과 사업 영역에서 시작되어 점차 생물학, 신경과학, 건강관리, 행동 및 사회과학, 갈등 조정, 회복적 정의와 전환적 정의, 영성 등 폭넓고 다양한 학문 영역으로 확장되었다. 이번 장은 경청이 지대한 영향을 끼치고, 개인적, 조직적, 구조적 변혁에 기폭제 역할을 하는 분야의 최근 논의를 간략히 소개할 것이다.

개인과 공동의 안녕 well-being을 위한 경청

사회적 연결과 소속에 대한 욕구는 신경 생물학에 기초한 인간의 기본 욕구이다. 우리는 상호의존적으로 엮여있는 존재이기 때문이다. 단절과 의미 있는 사회적 교류의 부재는 감정적인 고통을 불러일으킬뿐 아니라, 육체적 고통, 질병, 조기 사망, 파괴적인 행동 등을 유발하기까지 한다. 개인의 육체적, 정신적 건강은 물론 사회적 안녕well-being에 커다란 영향을 끼친다. 인정받기 위해 진정한 자아를 바꾸면서까지 "껴맞추기"로 소속감을 느끼려는 시도는 개인에게도 사회에도 해롭다. 예를 들어, 백인 우월주의나 다른 극단적이고 폭력적인 집단이 울리는 경종은 사람들의 두려움과 고립감을 의도적으로 악용하는 것이다.1

몇몇 문화권에서는 잘못된 의사소통과 오해받는 느낌, 자기가 상대에게 들리지 않고 보이지 않는다는 느낌이 신체적, 정서적 스트레스를 일으키고, 고도의 만성 스트레스로 이어진다. 지독히 해로운 결과는 다시금 질병의 증가, 학습 부진, 낮은 자존감, 그리고 대중 속에서 느끼는 위협감 증가 등으로 나타나 개인과 사회에 널리 영향을 끼친다.2

경청은 건강한 관계 형성의 원뿌리로 소속감과 신뢰감을 얻게 도와준다. 우리의 이 편치 않은 집단적 질병collective dis-ease을 해결하는 중요한 방법 하나는 서로의 목소리와 우리 지구에 귀 기울이는 것이다. 경청이 어린이, 성인, 공동체에 주체성을 부여한다는 증거는 많다. 누군가 들어주면 감정조절과 안정에 도움이 된다. 누군가 우리를 경청할 때, 우리의 문제 해결 능력은 향상되고, 혼자 해결한 것보다 더 혁신적이고 대안적인 해결책이 떠오른다. 또한, 경청과 증언은 슬픔을 통합하고, 트라우마를 치유하고, 피해를 줄이고, 중독의 악순환을 끊는 데 효과적이라고 입증되었다.3

따라서 우리를 있는 그대로 들어주고, 봐주고, 소중히 여겨주는 관계에 두는 것은 건강한 인간 발달과 사회에 필수적이다. 신경과학자 마크 브래디Mark Brady가 쓴 것처럼, 경청은 "평생 학습과 신경 가소성neutral plasticity, 긴밀한 관계를 형성하기 위한 공감 회로망을 기르는 데 매우 중요하고 필수적이다."4

다행히, 분열된 세상 속에서도 우리는 일상적으로 연결망을 구축하고 개인과 집단이 안전, 연민, 비판하지 않음과 공감을 경험할 수 있는 경청의 공간을 만들 수 있다. 우리는 함께 새롭고 정의로운 존재 방식으로 경청할 수 있다.

갈등 전환을 위한 경청

갈등과 해를 끼치는 행위에 우리가 생리적으로 어떻게 반응하는가를 보여주는 신경생리학 분야의 새로운 통찰과 연구는 이러한 반응을 변화시키기 위한 실천 방법을 형성하고 있다. 상처를 입거나, 모욕을 당하거나, 비난을 받거나, 위협을 받거나, 깊이 간직한 관점이 도전을 받으면, 우리의 생리적 회로는 닫히고, 의사소통이 악화되고, 우리 몸은 싸우거나, 도망치거나, 얼어붙도록 설계된 강렬한 생화학적 조합cocktail을 생성한다.

이러한 원초적인 상태에서, 우리의 뇌는 마치 "곰에게 쫓기는" 것과 같은 정도의 위험을 감지하고, 누구의 말도 진정으로 들을 수 없게 된다.5 이 귀중한 연구는 존엄성을 존중하고, 적대감을 낮추고, 분열을 해소하고, 대화를 허용하고, 평화를 창출하기 위한 의도적인 대인 기술 및 공동체 기술과 관행을 배양하는 데 꼭 필요하다.

경청이 유일한 해결책은 아니지만, 듣고 이해받는 것은 우리의 인지적 화학 작용을 바꾸어서 갈등 전환과 피해 회복이 가능해지고, 갈등의 큰 원인이 되는 존엄성 훼손의 상처가 치유되기 시작할 수 있다. 따라서 경청은 갈등과 피해를 전환하는 작업의 기초가 된다.6

갈등과 해로운 행동을 변화하기 위한 구체적인 실천은 수천 년간 행해졌다. 최근에는 이러한 고대 형태의 개인 및 공동체적 치유가 다양한 변혁적 실천의 모판이 되었으며, 9장에서는 이를 공정하게 경청하기라는 관점에서 논의할 것이다.

자연에 귀 기울이기

> 주의를 집중하는 것은 우리가 자기 외의 다른 지성으로부터 배울 것이 있다는 것을 인정하는 것이다. … 다른 종species에게서 배우려면 겸손이 필요하다.
> - 로빈 월 키머러Robin Wall Kimmerer

우리는 인간이 자연 세계를 전례 없는 변화로 이끌고 가는 인류세Anthropocene의 쇠퇴하는 시대에 살고 있다. 인류는 자연과의 분리로, 많은 부분에서 깊은 불가분의 관계에 있으며 상호 의존하고 있는 비인간적 존재에서 얻을 수 있는 지침에 귀를 기울이지 않게 되었다. 그렇게 우리는 인간 스스로 만든 기후와 종species의 위기에 직면해 있다. 여러 분야의 저자들은 우리가 살고 있는 이 독특한 시대를 새로운 패러다임으로 대전환하는 시기 중 하나라고 말한다. 우리는 전체론wholism과 공생symbiosis에 뿌리를 둔 고대와 신생의 소리를 경청하고 있다. 희망은 우리가 보고 들을 때 부풀어 오른다.

전 세계의 많은 문화권은 오랫동안 지구의 리듬에 맞춰 생활해 왔고, 지구의 지혜를 흡수하여 평화롭고 지속 가능한 모습으로 살아왔다. 점점 더 많은 인간이 아메리카 원주민, 캐나다 선주민First Nation 및 기타 원주민 그룹의 고대 통찰력을 받아들이고 있으며, 종species으로서 우리의 미래는 인간이 지구의 주인이 아니라, 동료 생명체라는 것을 겸손히 받아들이는 데 있음을 깨닫고 있다. 환경 변화의 속도가 빨라짐에 따라 우리의 집단적 인식은 인간 이상의 세상more-than-human world의 소리에 귀 기울이고, 지도를 받고, 그 지혜를 통합해야 할 필요성을 점점 더 느끼고 있다.7

인간 이상의 세상의 방식과 지혜는 협력, 협동, 호혜성, 보완성, 관대함과 같은 건강한 소통의 모형을 제공한다. 그저 주의를 기울이고, 보고, 경청하기만 하면 된다는 이 지침은 우리가 어디에 있든, 심지어 가장 삭막한 환경에서도 사용할 수 있다. 수감된 어떤 JL 경청자는 주변 세계에 귀를 기울이면서 자신의 삶과 관계에 대한 확실한 지침을 찾았다고 말했다. 그는 "감옥에 있는 사람이 어떻게 자연을 산책할 수 있을까? 궁금하실 수 있겠지요. 물론 한계는 있지만, 저는 감옥 담 뒤에서 놀라운 것들을 보았습니다"라고 말했다. 걸으면서 그는 깊은 상호성의 입장에서 경청하며, 새, 나비, 풀잎, 가을 잎과의 단순한 상호작용을 지침과 선물로 인식했다. 이런 식으로 경청은 그에게 관대하고 편견 없는 인식을 키워주었다. "뜰을 걸을 때 누군가에게 열린 귀가 필요하다면, 저는 경청하기 위해, 사랑하는 마음으로 경청하기 위해 여기 있을 것입니다." 주의 깊게 경청하면, 세상은 경이로움과 본보기로 가득할 것이다.

인종적 불의, 지구 오염, 소득 불평등, 굶주림, 폭력적 극단주의, 전쟁 등 우리가 겪고 있는 가장 극복하기 힘든 인간 문제 중 일부는 비인간 세계의 지성과 프로세스를 통해 해결책을 찾을 수 있다. 그러나 우선 우리는 경청하고, 언어를 배우고, 그리고 나서 모든 생명체와 건강하고 조화를 이루는 새로운 방식으로 협력하여 살아갈 필요가 있다.

우리 세상을 변혁시키기 위한 경청

우리가 세상에 제공하기로 선택한 행동이 어떤 형태이든, 우리는 모두 변혁의 주체이다. 변혁적 행동은 의식적이고 의도적이며 사랑과 치유에 뿌리를 둔다. 우리의 행동이 사적 형태이든 공적 형태이든, 우리 자신과 다른 사람의 말을 서로 경청하려는 능력과 의지가 우리의 말과 행동이 건강한 결과를 가져올지, 아니면 피해를 미칠지 결정한다.

> 우리는 세상을 반영할 뿐이다. 외부 세계에 존재하는 모든 경향은 우리 몸의 세계에서 찾을 수 있다. 우리가 우리 자신을 바꿀 수 있다면, 세상의 경향도 바뀔 것이다.
> – 마하트마 간디Mahatma Gandhi

우리가 정의롭고 평화로운 세상을 만드는 정도는 우리 자신의 내면과 외면의 삶에서 변혁적 실천에 참여하는 정도에 정비례한다. 우리는 우리 자신부터 시작해야 한다. 개인적 변화는 우리가 의도적으로 내면을 향하고, 자기 인식을 하고, 내부적 변화를 경험할 때 발생한다.

여기에는 일과 건강을 해치는 소모적 행동을 다루고 피하는 것, 이원론적 사고, 미묘한 권력과 지배 역학, 그리고 공동의 이익보다 자기중심적인 행동에 대한 우리 자신의 경향을 정직하게 검토하는 것이 포함된다. 비난, 판단, 두려움, 반응적 태도 등의 오래된 패턴을 버리면 우리는 사랑, 용서, 협력, 치유의 원천이 될 수 있다.

조직도 마찬가지다. 인간의 수많은 다른 노력과 마찬가지로, 활동가와 권익 단체는 오랫동안 자기중심적인 리더십, 오만, 반대 의견을 듣지 않으려는 태도, 경쟁심, 포용성, 형평성, 협력을 추구하는 목소리에 귀를 기울이지 않는 계급적 조직 구조로 어려움을 겪어 왔다. 사회 변화 조직의 일부 기능 문제는 이러한 무의식적이고 미숙한 행동 때문일 수 있다.

 그러나 여기에서도 분명한 변화의 징후가 보인다. 점점 더 많은 사회 변화 그룹이 협력적이고, 포용적이며, 공평한 구조와 문화로 전환하고 있으며, 개인적으로나 조직적으로 모든 사람의 안녕에 치유적 초점을 맞추고 있다. 이제 우리에게는 변화를 만드는 사람들의 내면적 안녕을 지원하는 것이 건강에 필수적일 뿐만 아니라, 혁신과 협력을 위한 조직적 역량을 강화하여 궁극적으로 사회적, 환경적 과제를 보다 창의적이고 효과적으로 해결할 수 있다는 명확한 증거가 있다.[8]

> 우리가 충분히 주의 깊게 경청하면… 우리의 몸과 땅과 상황이 우리에게 무엇을 해야 할지 말해줄 것이다. 누군가가 오늘날 세상의 문제에 대해 나에게 무엇을 해야 할지 묻는다면, 나는 "들어보세요. 충분히 주의 깊게 듣는다면, 시간이 지나면서 정확히 무엇을 해야 할지 알게 될 것입니다"라고 말할 것이다.
>
> – 데릭 젠슨 Derek Jenson [9]

 경청은 인간이 사회적 상호작용을 처리하고 통합하는 방법에 관한 새로운 연구와 통찰이 등장함에 따라, 의도적으로 재구성하고 적응해야 하는 역동적이고 유기적인 활동이다. 공정한 경청은 이러한 재구성 중 하나이며, 갈등과 피해를 전환하고 괴로움을 겪는 지구와 우리와의 관계를 치유하기 위해서 우리 일상에서 실천할 수 있는 일이다.

이야기

자기돌봄의 일과로 나는 종종 시골 묘지를 산책한다. 나무가 늘어선 길과 돌아다니는 야생 동물은 몸과 마음, 영혼을 회복할 수 있는 고요한 환경을 제공한다. 나는 정치적, 사회적으로 불안한 지금과 같은 시기에 이런 산책이 특별한 회복의 힘이 있다는 것을 알게 되었다.

최근 산책을 하던 중, 트럭을 탄 한 남자가 길을 따라 운전하는 것을 보았다. 트럭에 붙은 범퍼 스티커는 정치적이며 도발적인 내용이었다. 나는 똑같이 평화와 평온을 소중히 여기듯 보이는 사람이 트럭에 왜 그렇게 분열적인 메시지를 붙였는지 궁금했다.

나는 손을 흔들어 그에게 이야기할 수 있냐고 물었다. 나는 그가 범퍼 스티커에 그려진 사람을 왜 싫어하는지 궁금하다고 말했다. 그는 즉시 방어적으로 말했다.

"듣지도 않을 거면서, 왜 굳이 이야기를 나누려고 합니까? 당신은 당신 의견이 있고, 나는 내 의견이 있지 않소."

나는 그에게 말했.

"정치에 대한 의견 차이를 나눌 수 있었던 시절이 그립습니다. 진심으로 당신의 말을 듣고 싶어요."

그러자 그는 자신의 의견을 공유하기 시작했다.

"그럼, 좋아요. 내 생각은 이렇습니다."

그가 말을 마쳤을 때, 나는 그에게 내가 들은 것을 반영해 주었다. 그러자 그가 대답했다.

"내가 말하고 싶은 말이 바로 그것입니다. 당신은 정말로 내 말을 들어주었습니다. 당신은 나와 논쟁하거나 나를 바보로 만들지 않았어요. 당신은 들어줬어요."

그런 다음 나는 내 의견을 말했고, 그는 귀를 기울여 들어주었다. 대화를 마치고 나는 말했다.

"알다시피, 우리는 관점이 다르긴 하지만, 정말로 관심사는 같네요."

그가 대답했다.

"누군가가 나를 무시하지 않고 내 의견을 실제로 경청한 대화를 나눈 지 오래되었어요. 고맙습니다. 내가 다시 이야기하고 싶게 해주었고, 나와 생각이 다른 사람들을 무시하는 것을 어떻게 멈춰야 할지 다시 생각하게 됐어요."

나는 이 남자를 다시 볼 수 없을지 모른다. 하지만 경청은 연결이다. 우리가 경청의 예술을 통해 연결된 것은 분명했다. 우리 둘 다 계속 실천하기를 바라는 예술 말이다.

메리 조 하우드 Mary Jo Harwood
트라우마 치료사, 트라우마 스트레스 연구소 Traumatic Stress Institute
국제국경분쟁중재자 Mediators Beyond Borders International

3장
공정하게 경청하기: 기본 가치

> 경청은 엄마 배 속에서부터 시작된다. 첫 번째 기본 기술이다.
> – 마르바 샨드 맥킨토시 Marva Shand McIntosh –

공정한 경청은 효과적이고 변혁적인 의사소통이라는 새로운 패러다임으로의 전환이며, 거래적이고 수행적인 경청에서 성찰적이고 공평한 경청으로 옮겨가는 것이다. 경청 훈련을 개발할 때, 우리는 공정한 경청 실천을 뒷받침하는 가치에 익숙해짐으로써 "우리 자신의 발판을 마련한다." 가치는 개인과 그룹 모두에게 지침과 방향을 제공한다. 그 가치들은 상응하는 실천과 행동이 자라나게 하는 모든 노력의 뿌리이다. 아래에 별도로 나열되는 열 가지 가치는 서로 연결되어 있으며 서로를 뒷받침한다. 이 목록이 확정적인 것은 아니다. 우리는 이 책 전반에 걸쳐 다른 중요한 요소와 고려 사항을 파악하고, 모든 독자가 자신의 것을 추가하기를 권장한다.

1. 정의

정의에 대한 서구의 지배적인 관점은 법률주의적이며 권력에 대한 획일적인 이해를 반영한다. 정의는 법률, 규칙, 집행 및 처벌에 뿌리를 두고 있으며, 대체로 국가의 책임으로 여겨진다. 많은 다른 문화와 원주민 집단, 그리고 중재와 회복적 및 변혁적 정의에서 정의는 관계적이다. 개인과 공동체가 서로와 자연 세계와 "올바른 관계"를 맺으며 사는 데 필요한 조건을 만들고, 고치고, 치유하고, 회복하고, 변화시키는 정의이다. 이처럼 정의를 깊은 대인 관계로 이해하는 것은 상호성, 존중, 형평성, 연민 및 우리의 공통된 인간성과 존엄성에 대한 인식을 전제한다. 따라서 그것은 우리의 모든 상호작용 안에서 작동한다.

> 경청은 정의의 행동이다. 사람은 종종 그저 누군가 들어주기를 원할 뿐이다. 듣는 사람은 문제를 해결하거나 피드백을 주려 하지 않아도 된다. 그냥 듣기만 하면 된다. 강압적인 감독, 폭력, 트라우마가 있는 곳에서, 위기에 처한 사람에게 어떤 의도나 권위 없이 그저 이야기를 나눌 상대가 있다는 것만으로도 얼마나 많은 도움이 될 수 있을까? 이와 같은 패러다임이 사회에 얼마나 큰 도움이 될 수 있을까?
>
> — JL 경청자

경청을 실천하는 사람들은 자기를 "목소리 없는 자들을 위한 목소리"로 생각하지 않는다. 우리와 같이 취약하고 소외된 사람 중에도 목소리를 낼 수 있는 사람이 있다. 그러나 우리는 보통 무시당한다. 오히려 공정한 경청은 그러한 목소리가 들리고, 증폭되도록 하기 위한 것이며, 이를 통해 우리의 상호의존성이라는 진실과 **모든 사람**에게서 듣고 배울 필요성을 존중하고 그에 따라 행동하는 것이다. 개인의 내적 힘과 지침에 접근하고 그 핵심 지혜에 대한 자발적인 반응을 장려하는 데 초점이 있다. 모든 사람을 위한 정의로운 세상을 원한다면 모두 함께 경청해야 한다.

2. 창발 Emergence

창발은 "비교적 단순한 상호작용의 다양성에서 복잡한 시스템과 패턴이 생겨나는 방식"이다.[1] 그것은 존재하게 되는 과정으로서, 바뀌고, 변하고, 생성될 그 무언가가 출현하는 과정이다. 따라서 이것을 경청의 근본이라고 생각하기는 쉽지 않다. "근본"이란 무언가 좀 더 견고하고, 안정적이며, 아마도 식별할 수 있는 것을 의미하기 때문이다. 그러나 이 역설 속에 개인과 사회적 변혁을 위한 엄청난 상상력, 창의성, 가능성 및 성장 능력이 있다. 대화는 새로운 세상이 생성되는 방식이다.

우리가 공간 감수성을 가지고 접근한다면, 모든 경청의 순간은 이러한 가능성과 성장을 초대하거나 허용할 기회이며, 단어, 의미 및 이야기가 드러나면서 생기게 될 존재를 위한 공간을 만든다. 우리는 준비된 반응이나 어떤 의도에서 벗어나게 된다. 이것은 심연에 빠지는 것과 같을 수 있다. "무엇을 말할지 미리 알고 있지 않다면, 나는 무엇을 말할 것인가?" 그러나 이 심연에서 알려지지 않은 무언가가 탄생한다. 창발하는 경청emergent listening은 상대방이 말하는 내용을 조용히 경청하고, 경청이 모양을 갖추도록 허용하며, 실시간으로 우리 자신의 반응이 형태를 갖추도록 허용한다. 경청이란 일이 발생하는 대로 따라가며 생성하는 과정임을 믿고, 그 과정에서 서로의 지혜와 지식을 불러 내는 것이다.

3. 겸손

겸손humility은 문자 그대로 부식토humus나 땅의 것이 되는 것이다. 우리가 사회에서 형성한 위계 구조에도 불구하고, 우리는 모두 인간human: of the *humus*, 부식토의이며, 서로 연결되어 있고, 상호 의존적이며, 동일한 우주와 지구적 물질로 만들어진다. 겸손은 자기를 비하하거나 비인간화하는 것이 아니라, 우리의 공통된 기원과 더 큰 전체의 일부로서 우리의 힘을 존중하는 급진적인 평등 장치이다.

많은 직함감독자와 직원과 같은과 역할부모와 자식과 같은, 이미 다른 사람을 알고 있다고 생각하게 만드는 고정관념에도 불구하고, 심지어 누군가가 습관적으로 또는 반복적으로 무엇을 말할지 예측까지 하더라도, 우리는 정말로 모른다. 겸손하게 경청하는 것은 우리가 이미 알고 있다고 생각하는 것 이상으로 서로를 보고 들을 수 있는 더 큰 능력을 만든다. 우리가 깊은 무지의 자리, 세상에 관한 우리 자신의 제한적이고 독특한 인식을 깊이 알아차리는 자리에서 경청할 때, 서로에게서 배울 수많은 기회를 만들어낸다. 그러한 혁신적 겸손은 아직 알려지지 않은 가능성을 함께 탐험하도록 우리를 초대한다.

4. 호기심

호기심은 겸손의 가까운 동반자이다. 우리가 아는 것에 대한 자기 한계를 깊이 알아차릴 때, 우리는 충만한 호기심으로 경청할 수 있게 된다.

호기심은 우리를 겸손이라는 필수적인 기반에서 벗어나 배움이라는 중력으로 끌어올린다. 우리는 준비된 대답이 아닌, 더 큰 이해를 위해 열린 탐구하는 마음으로 대화를 시작한다. 호기심은 우리의 경청을 방해할 수 있는 역기능적 자아를 침잠시키고, "모르지만 배우고 싶다"라고 말하게 한다. 창발과 마찬가지로, 호기심은 무엇이든 일어날 수 있도록 허용하는 공간이 될 수 있지만, 솔직하게 모르는 것과 진심으로 배우고 싶은 것을 묻고 답하는 의도된 장소가 될 수도 있다. 우리는 모르는 누군가에게 질문을 던질 수 있는 만큼 세상을 열 수 있다.

5. 존엄성

존중이라는 널리 알려진 개념보다는 존엄성이 경청의 기초인데, 특히 피해를 복구하는 작업에서 그렇다.[2] 우리는 자신이나 다른 사람의 해로운 결정이나 행동을 존중하지 않을 수 있지만, 그 어느 것도 다른 사람의 존엄성이나 타고난 가치를 떨어뜨려서는 안된다. 우리는 인간이라는 이유만으로 가치 있으며, 속해있다. 피해를 주거나 경험함으로써 그 소속감을 잃는다면 그것은 존엄성 자체가 아니라 존엄성에 대한 **감각을** 잃는 것이다. 존엄성은 파괴하거나, 부여하거나, 빼앗을 수 없다. 그저 존재할 뿐이다. 그러나 우리가 그것에서 멀어졌다고 느낄 때, 치유하고 회복하는 일을 하도록 부르는 것은 바로 그 존엄이다. 저자이자 회복적 정의 실천가인 다니엘 세레드Danielle Sered가 강조했듯이, 피해를 준 사람에게 진정한 책임을 기대하는 것은 그 사람의 존엄성을 존중하는 것이며, 그들도 서로 연결된 인류의 일부이자, "미안해doing sorry"라고 말할 능력과 그럴 만한 가치가 있는 존재임을 인정하는 것이다.3

> 경청은 교도소에 수감된 사람들에게 치유의 공간, 즉 자기 자신으로 있을 만큼 안전하다고 느끼는 판단금지구역을 제공한다. 우리는 가치를 인정받고 경청받을 때, 폭력적인 해결책보다 삶을 긍정하는 방법을 찾는 데 더 열린 마음을 갖게 된다는 것을 배웠다. 우리는 반응하기보다는 창조적이 되도록 힘을 얻고, 이러한 해결책이 효과가 있다고 더 믿게 된다. 우리는 자신뿐만 아니라 다른 사람 안에 있는 선을 더 잘 드러낼 수 있다.
>
> — JL 경청자

우리가 어떤 관계적 "감옥"에 처해 있든 상관없이, 자신의 가치와 다시 연결되는 이 역동은 우리 모두에게 가능하다. 우리의 필요를 파악하고, 그것을 충족시키고, 함께 진정한 책임을 구현하려면, 우리 자신 안의 존엄성은 물론 다른 사람 안의 존엄성까지 경청할 수 있어야 한다. 우리가 공정하게 경청할 때 경청 행위는 존엄성을 가지고 이루어지며, 경청하는 사람뿐만 아니라 경청 받는 사람의 존엄성도 긍정한다.

6. 공감

공감적 경청은 상대의 깊은 인간성을 인식하고, 판단이나 조작 없이 그들이 느낀 경험 속으로 들어갈 때 발생한다. 그것은 다른 사람의 경험에 집중하고 이해하려는 "관점 파악perspective getting"의 과정이다. 우리는 가정하지 말고 질문해야 한다.

공감은 동정이나 연민이 아니며, "내가 다른 사람의 입장에서 생각하는 것"도 아니다. 공감은 다른 사람이 그 사람의 관점에서 경험하는 실재를 경청하고, 상상하고, 내면화하고, 포용하는 것이다.

> 나는 당신의 입장이 어떤지에 대한 이야기를 듣고 그것이 내 경험과 일치하지 않더라도 당신을 믿는 방법을 배워야 한다.
>
> – 브레네 브라운Brené Brown 4

7. 연민

연민은 공감의 일상적인 실천이다. 연민은 고통받는 다른 생명체를 향한 마음의 움직임이다. 그것은 "함께 고통받는 것"이다. 연민은 다른 존재와 공유하는 취약성을 인식하고 수용하는 데서 비롯된다. 연민은 우리가 자기와 다른 사람을 사랑의 친절로 대하고 고통을 직면했을 때, 마음 중심에서 일어나는 반응을 분별할 수 있게 해준다. 경청을 통해 이를 얻을 수 있다. 공감적 경청은 서로를 연결하며 치유를 가져온다.

공감을 개발하고 연민을 실천하는 것은 좋은 의사소통에 필요할 뿐만 아니라, 전 세계의 모든 생명체가 건강하게 기능하는 데 필수적이다. 우리는 공감을 타고났지만, 그 광범위한 회로는 우리가 "다른 사람"을 "우리"에 포함된 한 사람으로 인식하는 경우에만 활성화된다.5 경청자는 인류라는 가족의 공감을 높이는 매개체일 뿐만 아니라, 우리 종species의 생존을 위해서는 이제 "우리" 안에 지구와 지구 상의 모든 생명체를 포함해야 한다.

8. 치유

치유라는 단어는 "온전하게 만들다"to make whole라는 뜻이다. 우리가 마음을 다해 상대의 말을 기꺼이 듣고자 할 때, 우리는 함께 온전함을 만든다. 존재하고자 하는 욕구, 들어주었으면 하는 욕구, 온전해지고자 하는 우리의 공통된 욕구를 충족시키는 마음이 한데 어우러져 있다. 우리는 모두 대인 관계와 사회 체제적 배신이나 피해로 인한 상처, 또는 서로가 부적절하다는 느낌, 외로움, 소외감과 같은 상실과 슬픔을 경험한다. 그러한 피해를 경험하면 우리는 의미를 잃거나, 자존감과 타고난 존엄성, 가치에 대한 감각과 접촉하지 못하게 될 수 있다. 경청은 우리를 치유하고 우리 자신과 서로에게로 돌아가게 한다.

치유가 일어나는 한 가지 방법은 피해 경험의 의미를 파악하고, 그 의미를 우리의 성숙에 통합하는 데 도움이 되는 서사나 이야기를 나누는 것이다. 이러한 이야기에는 경청자가 필요하다. 경청은 한 사람이 들려주는 이야기의 "증인이 되는 것"이다. 경청자는 피해 당사자에게 온전히 집중함으로써, 그 사람이 믿고 얘기할 수 있는 안전한 공간 속에서 자신의 경험을 탐구하고 표현할 기회를 제공한다. 경청자는 판단하지 않고, 연민과 공감이 넘치는 안전한 공간을 만들어 치유에 집중하고, 서로 연결된 온전함을 다시 깨닫게 한다.

9. 공동체

우리는 서로가 없이는 살아남을 수 없다. 우리의 집은 지구이고, 우리의 호흡은 말 그대로 광활한 상호연결의 공모 conspiracy of interconnection로 가능하게 된다. 우리는 지구에서 공모con-spire하거나, 함께 호흡한다. 공동체는 우리의 본성 자체이다.

우리는 자신과 서로와 인간 아닌 자연에서 멀어진 가운데서도 공동체를 다시 가꾸기 위해 공동체를 소중히 여겨야 한다. 영웅과

스승guru의 시대는 지나가고 있다. 우리는 모든 목소리를 경청하고, 서로에게서 배우고, 우리의 공통된 인간성에 뿌리를 내리고, 모든 사람의 이익을 위해 함께 행동하는 것의 힘과 필요성을 인식하고 있다. 공동체 지향적 경청은 지속적으로 공유하는 지구 위에서 개인으로서 그리고 인류 가족의 동등한 구성원으로서 우리가 누구인지를 기억하고 연결하도록 해준다.

우리는 공동체성을 깨뜨리는 집단적 트라우마와 절망의 시대에 살고 있다. 그러나 동시에 우리는 서로 연결되어 있고, 상호의존적 존재라는 전세계적 조직의 원칙을 기억하고 되찾는 시대에 살고 있다. 그 원칙은 목표일 뿐 아니라, 과정을 뒷받침해 주는 핵심 가치이기도 하다. 이러한 헌신은 우리의 핵심 과업에 동기를 부여한다. 그 과업에는 "공동체 안의 사회적 고립을 전체를 위한 연결과 돌봄으로 전환하기, 우리의 대화를 공동체의 문제가 아니라 공동체의 가능성으로 전환하기, 사람들이 익숙하지 않은 대화에 함께 참여하도록 데려오기"가 포함된다.6

10. 사랑

경청은 심오한 사랑의 행위이다. 사랑에는 조건이 없다. 경청자는 사람들을 있는 그대로의 모습으로 만나 그들이 자기 이야기를 펼칠 수 있도록 무조건적인 수용의 공간을 제공한다. 우리는 그저 그 자리에 현존하고, 상대의 존엄성을 존중하고, 그 사람이 어떤 과정에 있든 연민과 경의를 표하기만 하면 된다. 한 가지 제한 사항은 건강한 인간 교류를 위해 지켜야 할 규범이다. 즉 자기 자리를 확고히 지키고, 경계를 넘지 않고, 역기능적 행동을 허용하지 않도록 주의해야 한다.

공정한 경청은 사회에서 무가치하고 나쁘다고 손가락질당하면서, 자기에게는 선한 그 어떤 것도 없다고 스스로 비하하는 사람을 향해 사랑의 얼굴이 되는 것을 의미한다. 사회가 "가치 있다" 판단하는 사람들조차 무가치함이라는 강력한 감정에 시달리는 경우도 많은데, 하물며 이미 제도적으로 대인 관계에서 무가치한 존재로 낙인찍힌 사람들의 투쟁은 얼마나 더 클까? 경청하는 사랑은 전염성이 있다. 자기의 말을 경청해 주는 사람이 있는 이들은 그 사랑에 감염되고, 그 사랑은 그들 안에서 꽃피고 자라기 시작한다. 한 보고에 따르면, 경청에 임하는 청자와 화자 모두가 "보호를 받고", "돌봄을 받고", "사랑을 받는" 느낌을 경험한다고 한다. 사랑으로 경청하는 것은 청자와 화자 모두에게 심오하고 변혁적인 경험을 안기며 모두가 혜택을 얻는다.

앞서 말했듯이, 이 열 가지 기본 가치는 초대 같은 것이다. 독자가 각각의 가치를 숙고하고 그것이 자기 삶에서 구체적으로 어떤 모습일지 생각해 보기를, 또한 이어지는 여러 경청 훈련을 진행하면서 자신이 공감하는 다른 기본 가치를 열린 마음으로 찾아보도록 독려한다.

이야기

우리는 여러 민족 집단에서 소외되고 심각한 트라우마를 겪은 여성 그룹과 함께 일하기 위해 리베리아Liberia로 갔다. 그들은 삶을 개선하는 방법, 특히 생계 수준을 개선하기 위한 방법을 세우고자 모였다. 우리는 잔인하게 트라우마를 겪은 사람들의 공동체에서 대화를 진행하기 위해 초기 그룹을 훈련했다. 그 훈련 과정에서, 그들은 자기 취약함을 드러내고 수치심과 비난에 대한 자기 투쟁을 겉으로 드러내는 것이 중요하다는 것을 발견했다. 서로의 이야기를 경청하기 위해 만든 안전한 환경에서 치유를 경험하고 역량을 높일 수 있다는 것을 배웠다. 서로가 연결되고, 서로에 대한 신뢰가 높아지는 것을 목격했다. 한 여성은 이렇게 말했다.

> "당신은 우리가 전에는 하지 못했던 방식으로 서로의 말을 듣게 했어요."

경청은 트라우마를 치유하고 비공식적인 평화를 구축하는 일에서 구체적인 효과를 만들어낸다. 개인의 변화는 종종 사회 변화를 일으킬 수 있으며, 공유된 이야기가 변혁을 이끌어 낼 수 있다.

파르바 상칸나라얀 Parbha Sankannarayan
국제국경분쟁중재자 대표CEO, Mediators Beyond Borders International

4장

경청 연습

경청이 사랑, 정의, 치유, 변화의 급진적인 행위가 되려면, 경청은 바로 그 '행위'여야 한다. 경청은 바쁘고 생산성을 중시하는 우리 문화에서 흔히 요구하듯이, 단순히 무언가를 하는 척하거나 성취해야 하는 것이 아니라, 모든 경청의 만남 안에 있는 기본적인 가치들을 실현하는 행위여야 한다. 때로는 정적이나 침묵으로 보일 수도 있다. 어떤 때는 깊이 연결된 대화가 될 수도 있다. 그것이 어떤 경우이든, 특히 앞 장에서 설명한 가치에 근거할 때 경청은 결코 작은 일이 아니다.

이러한 유형의 경청은 우리의 습관적인 경청 및 존재 방식과 다르다. 연습이 필요하다. 그렇다면 무엇을 연습해야 할까?

이어지는 장에서는 다섯 가지 핵심적인 연습을 심층적으로 탐구할 것이다.

1. 자기성찰과 알아차림, 현존, 침묵의 과정 거치기[5장]
2. 식별하기, 집중하기, 경청에 대한 걸림돌 해소하기[6장]

3. 공식 및 비공식 대화에서 응답할 때 반응하지 않고 성찰하기 7장
4. 건강한 경청을 위한 자기돌봄에 주의 기울이기 8장
5. 공동체 안에서의 정의 구현, 제정, 변혁 실천하기 9장

각 장 마지막에는 "실천해야 할 내용을 연습하는" 방법이 궁금한 분들을 위해, 구체적인 연습 방식과 지침을 제시한 "세부적인" 연습 지침을 소개할 것이다. 이는 어떤 공식이나 처방이 아니라 공정한 경청 습관을 개발하기 위한 권장 사항이다.

책에서는 이러한 연습을 선형적으로 설명하지만, 실제로는 아래 도표에서 보여주듯이 훨씬 더 순환하는 방식으로 서로에게 정보를 제공한다. 따라서 다음 장을 읽을 때, 그 순서가 어떻게 되든 여러분의 직관에 따라 순서를 정해서 읽기 바란다. 무엇이 떠오르고, 공명하는지 살펴보라.

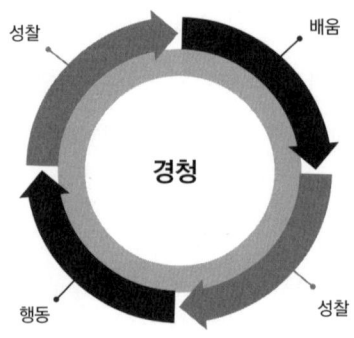

이 도표는 경청 연습practice이 "세상을 변화시키기 위한 성찰과 행동"인 공정한 경청 "훈련praxis"으로 전환되는 과정을 보여준다.[1] 우리는 듣는다. 우리는 성찰한다. 우리는 반응한다. 그리고 다시 성찰한 다음, 우리가 배우는 것을 통합한다. 그 과정을 거친 후에야 정의와 사랑이 온전하게 어우러진 장소에서 더 의도적인 변화 대인 관계적 변화 및 사회 체계적 변화를 위해 세상에서 행동할 수 있다. 이런 점에서 공정한 경청 연습은 급진적이다. 서로를 받아들이고, 듣고, 이해하는 데 있어 우리가 겪는 인간적 어려움의 근본 원인과 관련이 있거나 영향을 미치기 때문이다. 사실, 이 어려움들이 경청을 연습에서 훈련으로 변화시킨다.

　이어지는 다섯 장을 읽으면서 마음이 가는 대로 연습 항목을 즐겁게 활용하고, 응용하고, 새로운 시도를 하면서 자신의 상황에 맞도록 근본적인 가치들을 적용해 보라. 공정하게 경청하는 법을 배우는 것은 완벽함을 갖추는 것이 아니다. 그것은 새로운 것을 배우고, 새로운 의도를 설정하고, 새로운 존재 방식을 창조할 때, 자기를 친절하게 대하는 것이다. 우리가 깊은 알아차림과 현존을 통해 자기와 다른 사람과 그 본심을 경청할 때, 가능한 모든 것에 마음을 여는 것이다.

5장

경청의 핵심: 자기성찰

> 현존을 연습하지 않는 것은
> 주의를 산만하게 하는 연습을 하는 것이다.
> – JL 경청자 –

　공정한 경청은 자기를 아는self-knowledge 데서 시작되며, 자기 앎은 내면을 들여다보고, 내부 상황을 인식함으로써 습득된다. 즉, 지속적인 생각, 감정, 통찰, 신체적 감각과 각각에 내재한 지혜를 깨닫는 연습이다. 인간은 자신을 의식하게 되면, 내부적으로 무슨 일이 일어나고 있는지 파악하고, 자동으로 반응하는 대신 파악한 정보를 사용하여 그 상황에서 어떻게 대응할지에 대한 의도적인 선택을 할 수 있다.

　내면의 자아를 경청하기 위해 사용하는 연습이 자기성찰self-reflection이다. 자기성찰은 이어지는 장들에서 소개하는 경청 연습의 기본이 된다. 경청에 방해되는 듣기 습관을 분별하고, 온 마음을 다해 반응하고, 자신을 돌보고 경청하고, 해로운 행동에 정당하게 대응하기 위해 자기 마음과 몸에서 무슨 일이 일어나고 있는지 알아야 한다. 한편, 자기성찰은 평생에 걸친 여정이기도 하다. 다른 연습 항목을 시도해 보기 전에 자기성찰을 완료할 필요가 없고, 실제로 그럴 수도 없다. 모든 연습은 서로를 보강한다.

자기성찰을 할 때, 내면의 소리를 경청하도록 돕는 세 가지 주요 요소는 알아차림awareness, 현존presence, 침묵silence이다. 알아차림은 현존으로 익어가고, 침묵으로 영양을 공급받는다. 우리가 누구이든, 어디에 있든, 그 결과로 얻은 통찰은 모든 만남에서 변혁적인 경청을 위한 발판이 될 수 있으며, 이는 결국 우리의 세계를 변화시킨다.

알아차림

알아차림은 우리가 의식하고 있다는 것을 의식할 때 생긴다. 알아차림은 우리의 생각, 감정, 감각이 일어날 때 그것을 조사하고, 그런 다음 무엇이 표면에 떠오르는지 성찰하는 순간적인 고요함이다. 알아차림은 특정한 방법이 필요 없다. 가장 간단하게 내부 정보를 의식적으로 알아차리고 숙고하는 것이다. 이 과정을 통해 우리는 우리의 믿음과 행동에 대한 통찰과 이해를 생성할 수 있고, 다른 사람과의 관계에서 자신을 이해하는 데 도움을 받게 되며, 개인적이고 체계적인 변화를 위한 강력한 힘을 얻게 된다. 떠오르는 것에 대한 알아차림과 성찰은 우리의 행동과 존재 방식을 평가하고 사회적, 문화적 차이에 대한 감수성을 개발하는 데 필요하다. 알아차림은 정신과 영혼의 일깨움이다.

현존

알아차림이 현재 순간으로 깨어나는 것이라면, 현존은 우리의 전체 자아를 있는 그대로, 의식적으로 알아차려 의도적으로 끌어낸 다음 그 널찍한 상태에 머무르는 것이다. 현존은 일어나는 일에 대한 알아차림, 의도성, 성찰이 커짐에 따라 깊어지고 확장된다. 예를 들어, 내면의 자아를 알아차리기 시작하면, 지금의 순간을 관찰하게 된다. 마음에 있는 과거 사건, 미래에 대한 걱정, 지금 하는 일 외의 다른 일, 다른 경험에 근거한 판단, 또는 관련 없는 신체적 감각은 "꺼놓은" 채 말이다. 현재라는 순간 안에서 우리가 하는 이러한 비현재적 생각을 알아차릴수록, 우리는 지금 여기에 더 깊이 현존하게 된다. 현존은 마음을 굴복시키려고 몸부림치는 것이 아니라, 단순히 깨어있는 알아차림, 경청할 수 있는 더 평화로운 장소이다.

대화 중에 경청자가 더 의도적으로 알아차리고 더 온전히 현존할 때, 그 대화를 통해 말하는 사람과 듣는 사람 모두 변할 수 있다. 말하는 사람은 의도나 판단 없이 경청하는 안전한 만남(이는 알아차림으로 만들어진다)과 정성 어린 관심(이는 현존으로 만들어진다)이라는 선물을 받는다. 그런 공간에서는 많은 것이 가능하다. 신뢰가 꽃피고, 통찰이 태어나고, 치유가 일어난다.

침묵

침묵은 위험할 수도 있다. 어떤 사람에게는 스트레스가 될 수 있고, 다른 사람에게는 무기가 될 수 있으며, 또 다른 사람에게는 회피일 수 있다. 그러나 경청의 맥락에서 침묵은 선물이다. 침묵은 습관적인 내면의 고요함이 되어 우리의 현존 상태가 열매를 맺게 해준다. 이런 종류의 침묵 속에서 우리 자신의 지혜와 경청하는 사람의 지혜가 출현한다.

> 나는 대화 중에 끼어드는 것보다, 침묵으로 다른 사람을 더 많이 도울 수 있다는 것을 배웠다.
> – JL 경청자

　침묵은 그 순간의 자신을 알아차리도록 돕고, 우리가 상호 교류하는 사람들이 잠시 멈추고 성찰하고 그 침묵의 깊은 곳에서 일어나는 것을 알아차리도록 돕는다. 잃어버린 기억, 더 깊은 통찰, 놀라운 진실, 지식, 그리고 그들만의 창조적 대응을 분별한다. 그것은 떠오르는 상상, 통찰력, 연결의 가능성을 제공한다.
　일부 문화권은 다른 문화권보다 침묵에 익숙하다. 다른 문화권에서는 침묵하는 것이 방해되고, 도전적일 수 있다. 하지만 연습을 통해 우리는 질주하는 마음을 가라앉히고 일상의 광란적인 속도를 의도적으로 늦출 수 있다. 우리는 우리 자신뿐만 아니라 다른 사람들과도 마음으로 경청하는 법을 배운다.

> 이러한 수준의 경청을 생성적 경청, 또는 미래의 새로운 분야에서 나온 경청이라고 부른다. 이 수준의 경청을 위해서는 열린 마음과 열린 의지, 즉 미래에 떠오를 최고의 가능성과 연결할 수 있는 능력이 필요하다.
>
> —오토 샤머Otto Scharmer

자기성찰 자체가 자동으로 알아차림, 현존, 침묵으로 이어지지는 않는다. 우리는 매일 자기성찰을 의도적으로 연습하면서 습관으로 발전시켜야 한다. 반응은 자동적이지만, 고무적이게도 우리는 도전이 되는 상황에서 반응하기 전에 잠시 멈추고, 숨을 쉬면서 짧게 성찰하는 연습을 할 수 있다. 시간이 지나면서 성찰은 우리의 기본 반응이 된다. 작은 목표를 세우라. 짧은 기간에 한 가지 연습을 반복해서 하면, 좀 더 공정하게 경청하는 전환의 계기가 마련될 것이다.

의사소통의 성별 차이, 갈등의 신경과학, 공감의 과학예를 들어 거울 뉴런의 역할 탐구 분야의 급증하고 있는 연구를 통해, 위 단계에서 효과적으로 듣고 소통하는 능력을 확장하는 데 필수 지침이 되는 통찰을 얻을 수 있다. 우리 몸이 반응하면서 생성하는 물리적 신호와 에너지가 말 그대로 전염성이 있다는 것을 보여주는 증거가 있다. 긍정적이고 부정적인 감정 상태는 주변 사람들에게 쉽게 전달된다.[1] 우리의 마음이 열광적이든 차분하든, 현재에 집중하든 방황하든 침묵은 중요하다.

알아차림, 현존, 침묵을 수행하는 경청의 결과는 분명하다. 우리는 문자 그대로 격동하는 세상 속에서 고요하고 널찍한 평화의 섬이 될 수 있다.

자기성찰을 위한 세부적인 연습

- 3분을 설정하고 자기성찰을 훈련해 보라. 현재가 아닌 순간에 관한 것이라도 그 순간의 생각, 감정, 통찰 또는 신체적 감각에 주목하라. 주목하고, 성찰해 보라. 떠오른 것들은 무엇에 관한 것이었는가? 어떤 기분이 들었는가? 타이머가 울리면 그 시간 동안 얼만큼을 듣고 성찰할 수 있었는지 되새겨보라. 점차 시간을 늘려라. 이를 위해 휴대전화 타이머 앱을 무작위로 울리거나 정기적으로 울리도록 설정할 수 있다.
- 말할 때 자기 목소리와 입과 목의 감각에 주의를 기울여 보라. 일주일 동안 가능한 한 자주 연습하라. 자기 육성을 알아차리면 시간이 지남에 따라 더 큰 현존을 느끼게 될 것이다.
- 일상의 기회를 활용해서 알아차리고, 현존으로 들어가는 연습을 해보라. 예를 들어 줄을 서거나, 교통 체증에 갇히거나, 약속이나 회의가 시작되기를 기다리는 동안 내 몸과 내 안에 들어와서 나를 통해 흐르는 에너지를 알아차려 보

라. 이 경험을 더 심화시키고 유지해 보라.
- 집중력을 잃을 때를 알아차려라. 마음이 흐트러졌던 순간으로, 자기 자신으로 돌아오는 연습을 해보라. 15~30초 동안 현재에 머물고 집중하라. 자주 반복하면 뇌가 더 쉽게 다시 집중할 수 있도록 재훈련된다.
- 몸이 당신에게 무엇을 말하고 있는지, 몸이 경험에 어떻게 반응하는지에 주의를 기울이라. 배, 머리 또는 어깨가 긴장하는가? 저항하는 느낌이 있는가? 아니면 기분 좋은 감각을 느끼는가? 활력이 넘치는가? 몸이 안내서다.
- 평화로워지기 위해 효과적으로 호흡하라. 잠깐 멈추라. 몇 번 깊게 복식호흡을 하고 몸, 마음, 영혼을 진정시켜라. 평화롭게 숨을 들이마시고 몸을 채우라. 주변 환경을 살펴보고 의도적으로 평화와 치유를 호흡하라. 불안해하는 사람들과 함께 있을 때 이 호흡을 시도해 보라. 관대하게 이 고요한 에너지로 그들을 감싸주어라. 무슨 일이 일어나는지 지켜보라.
- 다른 사람과 대화 중에 드는 취약함, 불편함, 불안, 분노 또는 원망의 감정을 식별하는 법을 배우라. 그러한 감정이 생길 때 알아차리라. 그럴 때는 멈추고 그 느낌을 인정한 다음, 다른 사람이 아닌 당신 안에서 무엇이 그 감정을 일으켰는지 생각해 보라.
- 침묵을 연습하라. 다음에 내면의 목소리가 "무슨 말을 해

야 할지 모르겠어"라고 말하는 것을 들을 때 아무 말도 하지 마라. 멈춰라. 기다려라. 무엇이 당신의 의식 속으로 솟아오르는지 보고, 침묵 속에서 일어나는 모든 것에 반응하라.

이야기

나의 새로운 감방 동료cellie 2는 무척 괴로워했고 극도로 불안해 했다. 그는 감방 동료가 많았는데 그들 모두와 문제가 있었다. 그가 낯선 나를 감방 동료로 맞이하는 것을 그다지 기뻐하지 않았던 건 그리 놀라운 일이 아니었다. 하지만 이상한 일이 일어났다. 그는 나를 "훌륭한 동료"로 분류했고 우리는 절친한 친구가 되었다! 나는 경청이 이 차이를 만들었다고 믿는다.

나는 곧바로 그가 모든 일에 징징대고 불평한다는 것을 알아챘다. 그에게 내면의 상처가 있고 그것을 분출할 필요가 있으나, 속내를 털어놓을 사람이나 들어줄 사람이 없다는 것을 알게 되었다. 그래서 나는 훈련받은 대로 했다. 경청했다. 그가 쏟아내도록 했고 그의 곤경에 공감했다. 그가 사람들이 꺼리며 피할 정도로 매우 충격적인 삶을 살았다는 것을 알게 되었다. 그는 그동안 아무도 자기에게 시간을 할애할 만큼 신경 쓰지 않는다고 생각했다. 세상이 자기와 자기의 필요에 귀 기울이지 않는다고 느끼는 것 같았다. 그는 그저 자기 말을 들어줄 사람, 진정으로 자신의 말을 들어줄 사람이 필요했을 뿐이다.

경청은 이틀 만에 기적적인 효과를 보였다. 예를 들어, 우리가 친한 감방 동료가 된 후, 그는 고혈압이 정상으로 떨어지는 것을 느끼게 되었고, 매일 받던 고혈압 측정을 지금은 이틀에 한 번씩만

검사받게 되었다. 그는 계속 그렇게 된다면 전혀 검사를 받지 않아도 될 것이라고 말했다. 그는 감방 동료에게 느낀 평화 덕에 혈압이 낮아졌다고 말했다.

나는 트라우마 치유에 경청이 핵심이라는 것을 그 어느 때보다 확신한다. 트라우마의 여파 속에서 가장 필요한 것은 누군가가 당신의 말을 듣거나 당신이 겪은 일을 경청할 마음을 가지고 있다는 것을 아는 것이다.

JL 경청자

6장

깨어남: 경청의 걸림돌 식별하기

> 공정하게 경청하려고 노력하면서, 나에 대한 몇 가지 사실을 배웠다. 나는 쉽게 판단하고, 내가 보기에 망가진 사람을 고치고 싶어 하며, 상대가 요청하지 않지도 않은 내 의견을 재빨리 제시한다.
> – JL 청취자 –

우리는 매일 아침 일어나지만, 종종 몽유병자처럼 하루를 보낸다. 우리를 둘러싼 세계와 서로를 알지 못한 채, 또 중요하게는 다른 사람과 교류하고 소통하는 방식에 영향을 미치는 많은 일을 알아차리지 못한 채 말이다. 우리는 다른 사람이 말하려는 것을 이해하지 못하는데, 그 이유는 우리가 말하는 내용을 인식하고 해석하는 데 영향을 미치는 몇 가지 핵심 요인을 알아차리지 못하기 때문이다. 다른 사람과 의사소통할 때 오해하기는 매우 쉽다. 우리가 하는 말은 듣는 사람의 의식에 도달하기 전에 도전과 필터라는 위험한 미로를 통과한다.

자기성찰의 요소5장를 적용하면서, 경청 능력을 저하하는 특정 걸림돌들에 주의를 기울일 필요가 있다. 이 장에서는 경청을 방해하는 일반적인 어려움과 들은 것을 왜곡하는 인지 필터를 살펴보고, 이를 식별하는 방법을 제시할 것이다. 이러한 걸림돌은 다양하고 예측할 수 있으며 탐색도 가능하다. 우리는 연습을 통해서 그러한 걸림돌이 생겨날 때 이를 의식할 수 있고, 어떻게 반응할지도 의도적으로 선택할 수 있다.

경청을 방해하는 요소

경청은 우리가 의식적으로 생각하지 않고 자연스럽게 한다는 점에서 호흡과 비슷하다. 그러나 의식하지 않고 듣는다는 것은 우리가 전혀 듣지 않는 것을 의미하며, 적어도 효과적으로 듣지 않는다는 것을 의미한다. 우리는 너무도 자주 이리저리 방황하는 생각에 빠져들거나, 온갖 방해 요소에 사로잡힌다. 의식적으로, 능숙하게 경청하는 데는 생각보다 더 많은 도전이 있다. 경청을 방해하는 요소를 없애기 위한 첫 번째 단계는 여러 방해 요소를 알아차리고, 그것에 주의를 집중하는 연습을 하고, 방해 요소를 최소화하는 것이다.

경청하는 법을 알고 있다고 가정하는 착각

첫 번째 걸림돌은 우리가 이미 경청하는 법을 안다고 가정하는 것이다. 경청에 관해 생각할 때, 우리는 좋은 조언을 하거나, 문제 해결을 위한 전략 짜기를 돕거나, 비슷한 경험을 공유함으로써 연민을 표현하는 것을 떠올릴 수 있다. 아마 적극적 경청에 대해 들어 봤고, 경청을 정기적으로 연습해 보았을 수도 있다.

임상 심리학자 칼 로저스Carl Rogers와 리처드 패런Richard Faron은 총체적이고, 집중적이며, 의도적인 형태의 치료 상호작용therapeutic interaction을 설명하기 위해 "적극적 경청"이라는 용어를 만들어냈다. 그 이후로, 이 방법은 대중화되면서 원래 의미가 왜곡되고 희석되기도 했지만, 경청의 기본적인 지침이 되었다. 불행하게도, 이러한 대중화는 "적극적 경청"을 공식화되고 수행적이며 거래적인 상호작용의 방법으로 변질시키기도 했다. 그것은 치유와 피해 회복, 관계 형성이라는 과제에는 적합하지 않았다.

> 나는 내가 대단한 경청자라고 생각했다.… 나는 훌륭한 조언을 했고, 그 조언이 잘 받아들여진 것 같았다. 하지만 내 경청 능력에 대한 믿음이 실제로 공정하게 듣는 데 방해가 되는 여러 요인에 기반을 두고 있다는 것을 알게 되었다. 그것은 나의 판단, 자의식, 다른 사람을 '고치거나', 묻지도 않은 조언을 하려는 욕구였다. 말을 끊지 않고, 사려 깊은 질문을 하고, 침묵의 힘을 신뢰하는 법을 배우는 것은 나에게 '귀를 여는' 일이었다.
> - JL 경청자

열린 자세 취하기, 고개 끄덕이기, 상대를 인정하는 몸짓과 추임새 넣기, 상대의 말에 반응하거나 반복하기 등의 행동유형 목록에 체크 표시를 하다 보면, 결과적으로 우리는 경청의 어려움을 과소평가하고, 자기를 능숙하고 효율적인 경청자로 착각할 수도 있다. 상대를 이해하려는 진심에서 비롯되기는 하지만, 경청에 대한 이러한 수행적 접근은 우리의 초점을 우리 자신에게 돌리고, 경청자의 수행 능력을 변질시켜 말하고 있는 내용에 집중하지 못하게 한다. 공정한 경청을 시작하려면 지금까지의 경청 방식을 다시 생각해 보고, 새롭고 덜 규범적인 참여 방식을 기꺼이 모색할 의지가 있어야 한다.

지각, 편견, 공감 부족

지각perception은 감각 정보를 구성, 해석, 경험하는 방식으로, 생리적, 심리적, 사회적 요인의 영향을 받는 복잡한 과정이다. 더 복잡한 것은 우리의 지각이 대체로 무의식의 인지적 편견에서 비롯되어 현실을 왜곡하고 의사소통을 혼란스럽게 한다는 사실이다. 우리는 이전 경험의 저장된 정보에 따라 새로운 경험을 해석하기 때문에 자신의 지각에 대한 자기 인식이 부족하면 사람이나 사건에 대해 성급한 판단을 내리고, 자신의 편견과 선입견을 확인하는 데 그치고, 반증의 증거를 평가절하 하거나 거부하고, 이기적인 방식으로만 경험을 해석한다.

자기와 다른 사람들에 대한 이러한 인식과 이해 부족은 우리가 다른 사람과 의사소통불통을 하는 데 지대한 영향을 미친다. 진정한 이해를 훼손하고 광범위하게 부정적인 영향을 미칠 수 있다. 우리 자신의 지각과 편견으로 사실을 왜곡하여 듣지 못하는 예는 많다. 간단하게 설명하자면, 우리는 나와 다른 방식의 이야기를 들을 때나, 내가 익숙한 것보다 더 돌려 말하거나 반복적이거나 직설적인 이야기를 들을 때, 참을성이 없어지고 쉽게 판단을 내리며 산만해진다. 달리 설명하자면, 유색인종이 미국 의사에게 통증을 설명할 때, 통증을 견디는 내성에 대한 의사의 무의식적인 선입견 때문에, 환자의 말을 알아듣지 못하는 것만큼이나 심각한 문제이다.[1]

또한, 알아차림의 부족은 우리가 "타인"으로 인식하는 사람들에 대한 공감 부족으로 나타나는데, 공감은 좋은 의사소통의 가장 중요한 하나의 요소다. 미국 학생을 대상으로 한 한 연구에 따르면, 디지털 의사소통의 발전으로 전지구적 연결성이 증가했음에도 불구하고, 1979년과 2009년 사이에 공감이 48% 감소한 것으로 나타났다.[2] 더욱이, 개인적 비용 외에도 이러한 공감 능력의 감소는 매우 큰 정치적, 사회적 영향을 미치며, "아무리 많은 법이나 규제도 공감 능력의 부족을 극복할 수 없다."[3]

경청의 중요한 요소는 무의식적인 생각을 의식화하는 연습을 통해 전달되는 내용을 정확하게 인식할 수 있도록 하는 것이다. 우리가 경청할 때, 우리 마음에 일련의 생각이 자동으로 떠오르는데, 그중 일부는 이러한 편견과 판단에 영향을 받는다. 이러한 생각은 소통하고 있는 내용에서 우리의 관심을 떼어내어 효과적인 의사소통을 방해한다. 알아차림과 연습을 통해, 우리는 이러한 생각이 일어나는 모습 그대로 그것을 알아차리기 시작한다. 그런 후 경청하는 현재(present listening)로 돌아오고, 다시 알아차리고, 현존적 경청의 자리로 다시 돌아오기를 반복한다. 이러한 순환 속에서 무의식적인 편견이 의식으로 옮겨간다. 현존적 경청이 우리의 편견을 효과적으로 바꿀 유일한 방식이다. 현존적 경청에 집중할수록 공감 능력도 높아진다.

멀티태스킹multitasking

동시에 여러 가지 일을 하는 능력인 멀티태스킹이 개인, 사회 및 직업 생활에 일상적으로 필요한 부분이라는 문화적 주장이 있으나, 이제 멀티태스킹은 대부분의 사람에게 불가능하며, 우리의 성과를 크게 저하하고, 실수할 가능성을 높인다고 알려져 있다.[4] 멀티태스킹의 특징은 작업 방해이다. 소음, 시각적 침입, 아주 흔한 기술의 습관적 사용으로 우리의 집중은 계속 자주 방해받는다. 방해를 받은 후 다시 작업에 집중하려면 평균 23분이 걸리고,[5] 끊임없는 방해로 어떤 대상에게도 완전히 주의를 기울이지 않고 부분적으로만 주의를 기울이는 상태를 초래한다. 연구에 따르면 이러한 방해는 스트레스를 증가시키고, 건강한 부모-자녀의 교류를 방해하며, 피로도, 스트레스 유발 질환 및 오류 비율 등을 두 배로 높인다.[6]

이미 오해와 잘못된 해석의 소지가 큰 상황에서, 멀티태스킹과 작업 방해를 받아들이고 널리 퍼뜨리는 것은 우리의 경청 능력을 저해하는 또 다른 심각한 걸림돌이 된다. 예를 들어, 우리는 공정하게 경청하는 동시에 어떤 기기 장치device에 접속하여 사용할 수는 없다. 해야 할 일의 목록을 줄여도 현존적 경청을 할 수 없다.

다행히도, 이 습관은 재집중하는 기술을 습득하여 되돌릴 수 있다. 공정하게 경청하려면 기기와 업무를 제쳐두고 온전히 집중해야 한다.

우리의 경청을 왜곡하는 필터

우리는 모두 왜곡이라는 의사소통의 실수를 경험해 본 적이 있다. 말하는 사람의 입에서 듣는 사람의 해석적 뇌로 전달되는 과정에서 말한 내용이 뒤틀리고 꼬여서 전달되는 것을 목격하거나, 참여한 적이 한 번쯤은 있을 것이다. 다음은 단어와 의미가 전달되면서 의미를 알아듣지 못하게 하는 세 가지 왜곡된 인지 필터cognitive filters이다.

내면의 독백

경청의 장벽 중 하나는 우리 마음에 있는 생각인데, 우리의 마음은 매일 약 6,200개의 생각을 만든다.7 어떤 생각은 다른 생각보다 더 빨리 생겼다 없어지지만, 경청하는 순간에 오가는 그 생각들이 우리의 주의를 빼앗아 간다. 우리가 듣고 있다고 생각할 때, 우리는 자기 생각에 이끌려 "방황하는" 마음 때문에 대화의 전체 부분을 놓치고 있는 모습을 종종 발견하곤 한다.8 실제로는 우리가 자기 자신에게 말하고 있으면서도, 우리는 듣고 있다고 믿는다. 이 내면의 독백은 우리가 다른 사람이 말하는 것에 주의를 기울이지 못하게 할 뿐 아니라, 자기 내면이 안내하는 지침을 알아차리지 못하게 한다.

이 내면의 수다 상자에 들어 있는 내용은 다양하다. 할 일 목록에 주의가 산만해지고, 과거, 미래, 예측불가능한 사건에 관한 초점 없는 생각에 잠긴다. 방금 한 대화나 나중에 할 계획인 대화, 아니면 완전히 다른 상상의 대화와 같이 마음속으로 다른 사람들과 대화하는 우리 자신을 발견한다. 또한 상대방이 우리의 기억을 되살리는 무언가를 언급할 때, 기억 속에 "빠져" 현재 순간이 아닌 다른 장소와 시간의 이미지에 빠져들 수 있다. 개인적으로 우리 몸에 필요한 것이 무언인지 생각하는 것도 우리의 주의를 빼앗아 지각과 판단을 손상시킨다. 졸음, 배고픔, 신체적 불편함 또는 그런 생각만으로도, 경청에서 주의를 분산시킬 수 있다.

자아

자아ego 9는 종종 부정적인 의미를 지닌 도발적인 단어이다. 그러나 건강한 자아는 인간의 일상 업무를 수행하는 데 필수적이다. 우리는 자아 없이 기능할 수 없다. 하지만 자아는 경청 능력을 저해하는 역기능적 필터가 될 수도 있으므로 자아를 늘 점검하는 것이 좋다.

때때로 참자아라고도 부르는 건강한 자아는 사랑, 연민, 평화, 호기심, 안정이라는 특징이 있는 우리의 핵심적인 선함과 본질이다. 그러나 때로 거짓 자아라고도 부르는 건강하지 못한 자아는 관계에 엄청난 피해를 입힌다. 무의식적으로 자아의 손아귀에 사로

잡히면 허영을 부리고, 뽐내고, 부정적으로 될 수 있으며, 머릿속에 갇혀 동일한 자기중심적 방어 기제를 반복적으로 작동하게 된다. 건강하지 못한 자아 반응은 성찰적이기보다는 반응적이며, 대체로 무의식적이고, 개인적이면서 동시에 집단적이고, 그룹 정체성과 관련된 규범과 가치의 일부를 반영한다.

몇몇 행동은 피해를 주는 가장 흔한 이기적 자아 행동의 목록으로 구성된다. 방식은 다르지만, 말하는 사람의 말을 끊는 범문화적 현상을 예로 들 수 있다. 이것은 점잖은 습관은 아니다. 비협조적인 말 끊기는 지배와 권력의 문제에 깊이 뿌리를 두고 있으며 성별, 인종/민족 및 계층 간 상호작용에 파문을 일으킨다. 이런 쥐약 같은 나쁜 습관은 대화적 자기애conversational narcissism인데, 이는 "대화에 자신을 끼워 넣으려는 경향으로, 종종 자신이 주도권을 잡고, 대부분 자기가 말하고, 대화의 초점을 자신에게로 돌리려는 사람의 경향"으로 정의된다.[10] 우리는 실제적 또는 인식된 차이의 유형을 토대로 대화 상대를 조용히 판단한다.

일반적인 이기적 자아 행동

- 요청하지 않은 충고하기
- 누군가의 문제나 상황을 해결하려고 시도하기
- 상대가 말을 멈추기도 전에 대답을 준비하기
- 나에게 혹은 내가 아는 사람에게 비슷한 일이 일어났다고 하며 상대의 말을 가로채기
- 상대를 판단하고 잘못을 지적하기
- 대화 중에 목표나 의제를 설정하기
- 사람들의 이름을 부르기
- 문화적 오만함을 드러내기
- 악의를 품기
- 우리/그들 언어를 사용하거나 개인이나 그룹을 "타자화"하기
- 상처를 주는 방식으로 분노 표현하기
- 자신의 요점을 밝히기 위해 상대의 말 가로채기
- 옳아야 한다는 욕구
- 사안을 개인화하기
- 의견과 사실을 혼동하기

사회문화적 역학

다양한 모습으로 표출되는 사회문화적 차이는 우리의 의사소통에 지대한 영향을 미친다. 그 단서에는 구어, 몸짓 언어, 신체 크기, 행동 및 이동성, 피부색, 정치적 입장, 종교적 세계관, 시간과 공간에 대한 개념 등이 포함된다.

어떤 문화권에서는 의사소통과 정보 교환이 간접적이고 미묘하지만, 다른 문화권에서 의사소통은 생각을 직접 교환한다. 인간의 경험과 표현의 다양성을 인정하지 않고 수용하지 않는 모든 경청 방법은 단순히 상호 연결된 세계화 시대에 유용하지 않을 뿐 아니라, 잠재적으로 해로울 수도 있다. 다음의 사회문화적 역학은 우리가 명확하게 주의를 기울일 가치가 있는 항목들이다.

사회적 정체성

지구상의 모든 인간은 성별, 연령, 소속된 종교, 성적 지향, 신체 능력, 인종, 민족, 계급, 교육 등 여러 사회적 정체성의 교차점에서 살고 있다. 각 정체성은 그 안에 수많은 인식, 신념, 규범을 담고 있어 각 사람을 독특하고 아름다우며 복잡하게 만든다. 예를 들어, 정식 교육을 거의 받지 못한 백인 여성은 대학 교육을 받은 트랜스젠더 유색인종과는 다른 경험으로 형성하게 된 관점을 가진다. 우리는 모두 비슷한 경험을 한 사람과 동일시하고 선호하며, 우리와 다르다고 생각하는 사람을 소외하고 차별하는 경향이 있다.

미국 문화의 "화난 흑인 여성"에 대한 고정관념이 그 한 예이다. 데보라 그레이 화이트Deborah Gray White는 이 고정관념이 노예제 시기부터 미국 문화에 깊이 뿌리를 두고 있다고 지적한다. 흑인 여성은 "시끄럽고, 짜증이 많고, 지나치게 직설적이고, 그저 화가 난" 것으로 특징지어진다. 흑인 여성의 분노 표현은 화낼 만하고 도발적인 상황에서 비롯되었다기보다는 "화를 잘 내는" 성격에 기인할 가능성이 더 큰 것으로 여겨진다. 그녀는 자기 목소리를 내기 어려울 것이다.[11]

권력과 특권

사회적 정체성은 또한 우리가 듣는 것과 그것을 해석하는 방식에 영향을 미치는 위계적 권력positional power과 사회적 특권을 수반한다. 우리 중, 백인, 남성, 이성애자, 고학력 또는 부유함 같이 지배적인 사회적 정체성을 가진 이는 더 많은 위계적 권력과 사회적 특권을 가지고 있다. 자기성찰을 연습하지 않는다면, 그러한 위계는 의사소통에서 상호성을 손상하고, 가진 자의 관점과 경험이 소외된 집단의 사람들보다 보편적이고 우월하며 더 타당하다고 가정하게 된다. 반면에 소외된 집단에 속한 사람들의 목소리는 안 들리거나, 무시당했다고 느낄 가능성이 높고, 의사소통 과정에서 다른 형태의 차별을 경험할 수 있다.

권력 불균형이 있는 곳에서는 진정한 의사소통 시도조차 실패할 수 있다. 이는 진심으로 자기가 "적극적인 경청"을 하고 있다고 믿는 사람들이 표준화된 표현으로 사용하는 "그래서 제가 듣기에는…"이라는 표현에서조차 화자의 반응을 무효화할 수 있다. 이러한 관행은 청자가 통제권을 가지고, 청자의 목적과 조건에 따라 이루어지는 서구화된 상호작용 방식을 반영하고 있기 때문이다.

몸짓 언어body language와 비언어적 표현

언어적 표현과 비언어적 표현은 모두 복잡하고 문화적으로 코드화되어 있으며, 알려지거나 알려지지 않은 요소들이 너무 많다. 그래서 그 표현의 의미를 이해하고 해석하려는 우리의 시도는 늘 만족스럽지 않다. 비언어적 표현과 관련된 문화적 보편성은 없다. 두려움, 슬픔, 행복, 분노의 네 가지 표정은 모든 인류에게 비슷하게 암호화되어 있지만, 어떻게, 언제 감정을 표현할지는 문화에 따라 다르게 결정된다. 고개 끄덕임, 몸짓, 눈 맞춤, 물리적 거리, 자세 및 기타 비언어적 표현을 사용하는 것은 모두 비슷한 문제가 있다. 알아차림이 부족하고 기계적이라면, "적극적 경청"조차도 이러한 사회문화적 역학을 무시한다.

문화마다 피해를 끼치지 않고 감정을 표현하는 서로 다른 규범적 방식이 있다. 목소리를 높이거나 왕성하고 활기찬 교류 방식과 그와는 반대로 정중하고 우회적인 상호 교류 방식이 지구 전체의 문화에서 모두 다르게 암호화된다. 암호가 무엇인지 알지 못하면 경청자는 다른 사람의 뜻을 잘못 해석하게 된다. 게다가 암묵적인 편견, 확신에 찬 가정과 인식, 사회적, 문화적 맹점에 대한 알아차

림이 부족하여 말의 왜곡된 해석이 발생한다.12

> 우리가 진심으로 서로를 경청할 때, 특히 우리자신들과 다른 사람들의 말을 진심으로 경청할 때, 우리는 자녀를 향한 사랑이나 일반적인 사랑의 방식 등 삶을 목격하는 방식에 있어 유사성을 발견한다.
>
> – JL 경청자

대인 관계 역학

우리의 경청 방식에 영향을 미치는 대인 관계 역학은 많다. 예를 들어, 외향적인 사람과 내향적인 사람의 의사소통 스타일과 필요가 다르다는 것은 잘 알려졌지만,13 상호작용 대부분은 외향적인 사람에게 유리하게 구성되어 있다. 속담에 "외향적인 사람이 무슨 생각을 하는지 모른다면, 경청하지 않는 것이다. 내향적인 사람이 무슨 생각을 하는지 모른다면, 묻지 않은 것이다"라는 말이 있다. 내향적인 사람은 응답 전에 숙고하고 처리할 시간이 필요하다는 연구 결과에도 불구하고, 우리는 개인 대화나 단체 대화에서 그들이 숙고할 만한 시간을 주지 않는다. 외향적인 사람이 집, 학교, 직장, 공공 생활에서 우리의 상호작용을 주도한다.

인간 소통이 주는 효과와 영향력은 생각보다 미묘하고 복잡하다. 그러나 우리가 경청을 방해하는 걸리돌이 많다는 것을 알아차리게 되면, 그 걸림돌이 우리의 삶 속에서 형성되는 방식들을 성찰할 수 있다. 자신의 경청 습관, 사회적 특권 또는 불이익, 자기와 다른 사람들에 대한 인식 방식을 파악함으로써, 우리는 우리가 듣는 것을 어떻게 해석하는지 이해할 수 있게 된다. 알아차림과 자기성찰을 통해, 무의식적 청취에서 의식적 청취로 전환하고 이러한 걸림돌에 덜 취약하게 만드는 기술을 의도적으로 개발할 수 있다. 완벽이 아니라, 알아차림이 목표다. 우리는 철저히 겸손할 때만 열린 마음과 귀로 공정하게 들을 수 있다. 다음 장에서는 더 많이 알아차리고 폭넓은 의도로 온 마음을 다해 대응하는 연습을 자세히 설명한다.

경청을 방해하는 걸림돌 식별과 자기성찰을 위한 세부 연습

- 일단, 상호작용을 시작하기 전에 기다려라. W.A.I.T.
  - ➔ 깨어나라!Wake up! 자신이 누구이고 어디에 있는지 기억하라. 현재에 집중하라.
  - ➔ 자신의 경청을 방해하는 걸림돌을 알아차리라!Be Aware! 마음과 정신을 비우고 활짝 열어라.
  - ➔ 의도적으로 노력하라!Be Intentional! 듣는 것을 이해하고, 집중하고, 호기심을 갖고, 판단하지 않고, 열려 있으려고 노력하라. 내면의 안내자에게 자신을 맡겨라.
  - ➔ 깊이 생각하고, 배워라!Be Thoughtful and Teachable! 의식적이고 의도적으로 대응하라. 반응하지 말고 성찰하라.
- 대화 중에 내면의 독백에 주의를 집중하라. 현재의 순간에

집중하지 못하게 만드는 생각이 무엇인지 알아차리라. 그 생각을 놓아버리고 대화에 다시 집중하라.
- 다른 사람과 대화하는 동안 언제 이기적인 행동이 드러나는지 주목하라. 건강하지 못한 이기적 충동이 제멋대로 행동하지 않도록 주의하라. 다른 사람에게서 이기적 행동을 발견하면 연민을 갖되, 자신의 이기적 반응성에 말려들지 않도록 유의하라.
- 짝을 지어서 한 사람은 듣고, 다른 한 사람은 말하도록 하라. 시간을 2분으로 정하여 말하고, 듣고, 주목한 다음, 청자가 듣는 동안 떠올랐던 비현재적 생각이 무엇인지 토론하라. 말하는 사람이 "제가 우려하는 것은…"과 같은 문장으로 이야기를 시작하도록 도입 문구를 사용할 수도 있다.
- 대화할 때 경청을 방해하는 걸림돌이나 필터로 나타나는 요소들이 무엇인지 하루에 하나씩 선정하라. 그런 후에 어떻게 좀 더 의식적으로 대응할지, 그 대응이 상호작용에 어떤 영향을 미칠지 성찰해 보라.
- 상대가 요청하지 않은 조언을 주거나 주고 싶은 적이 있었는지에 주목하라. 조언하지 말라. 대신에 호기심을 가지고 질문하라.
- 상대가 자신의 경험을 말하면 신뢰하라. 상대가 자신의 감정을 말할 때, 비슷한 경험을 했을 때 내가 느꼈던 감정이

아니라, 상대의 감정에 공감하라.
- 다른 사람과 대화할 때 자신의 인생 경험을 토대로 상대의 경험을 안다고 가정하지 말라. 그 경험이 **상대**에게 어떤 의미가 있는지 물어보라.
- 자신의 공감 회로를 강화하는 연습을 하라. 간단한 연습 하나는 열린 자세이다. 대화 상대와 눈높이가 맞게 앉고, 서 있거나 멀리 있지 말라. 팔은 편안하게 내려놓고 팔짱을 끼지 말라. 문화적으로나 대화 상대에게나 눈맞춤이 위협적이지 않다면, 눈을 마주치도록 초대하라.
- 언어 선택에 주의 깊게 하라. 다음은 예시이다.
  ➔ 누군가의 이름을 올바르게 발음하는 법을 배우고 사용하라.
  ➔ 모든 사람이 선택한 인칭대명사 "그녀/그녀의, 그/그의, 그들/그들의"를 존중하라.
  ➔ 비폭력적 언어를 사용하라. 사용하는 언어에서 폭력적인 비유와 은유, 수사법, 표현을 찾아보라. 영어를 예로 들면, "방아쇠를 당겼다triggered"가 아닌 "사로잡았다hooked you"로, 또는 "한 번 쏴봐give it a shot"이 아닌 "한 번 시도해봐try"로 표현하라.14
- "우리"나 "그들" 등의 언어3인칭이 아닌 편가름의 언어를 사용할 때 주의하라. 당신이 표현한 "우리"에 포함된 사람이 누구인지 나열해보라. 거기에 포함되지 않은 사람은 누구이

며, 그 이유는 무엇인가? 당신의 서클을 확장하도록 노력하라.
- 타자화시키는 언어가 아닌 포용하는 언어를 사용하라. 예를 들어 "노숙자"가 아닌 "집 없는 사람들"이라고 말하라.

이야기

나는 케냐 엘도렛Eldoret, Kenya의 한 붐비는 병원 대기실에 앉아 있었다. 탄자니아에서 막 돌아왔는데, 거기서 세균성 눈병에 걸려 증세가 심해졌다. 의사를 기다리는 동안, 나는 타투루 사람Taturu people들을 생각했다. 그들을 방문하고 함께 일하는 동안 나는 그 안에서 이제까지 겪어보지 못했던 완전히 다른 새로운 문화를 경험했다. 나는 마을에서 열리는 모임에 초대를 받아 무리 속에 앉아 있었다. 곧 그들이 큰 소리로 말하고, 서로 마음대로 말을 가로채고 있음을 알아챘다. 혼란스럽고 무질서해 보였다. '한 사람씩 말하고 다른 사람은 방해하지 않고 들어야지!' 라며 판단을 내리고 있는 자신을 발견했다. 나는 그들을 "고쳐야"겠다는 강한 충동을 느꼈다.

그러다 문득 깨달았다. 문화적 차이가 이해하는 데 걸림이 되고 있으며, 공정한 경청이 필요하다는 것을 말이다. 이 모든 것이 경청의 훈련 덕분이었다. 나는 나의 사회문화적 편견을 유념에 두어야 했다. 내가 할 일은 그들을 고치는 것이 아니라, 침묵한 채, 겸손과 호기심으로 지켜보면서 다른 문화적 의사소통 방식을 배우고 이해하는 것이라는 점을 깨달았다. 침묵은 시간을 늦추고, 나 자신과 상대의 상호작용을 관찰하고 경청할 수 있는 소중하고 신성한 안식처였다. 조언을 해주고 싶은 충동을 느끼거나 내 안에서 판단이 일어나는 것을 느낄 때면, 대안이 될 수 있는 더 **공정한** 생각으로 그것을 진정시키곤 했다. 침묵을 허용하니, 처음에는 도전이 되던 역동이 새롭고 심도 있는 학습 경험으로 바뀌었다. 덕분에 우리의 관계가 발전하고 풍성해질 수 있었다.

JL 경청자

7장

반응이 아닌 성찰: 온 마음으로 대응하기

> 말하기 전에, 세 가지 관문에서 그 말에 대해 스스로 질문해 보라.
>
> 첫 번째 관문, "그것이 사실인가?"
> 두 번째 관문, "그것이 필요한가?"
> 세 번째 관문, "그 말은 친절한가?"
> – 루미 Rumi –

공정한 경청이 단지 듣는 것에 관한 것만은 아니다. 공정한 경청은 대화 습관을 파악하는 것과 적절하게 대응하는 것에 관한 일이기도 하다. 그러한 대응은 자기 성찰과 좋은 경청을 방해하는 우리의 행동을 자각하는 데서 비롯된다. 듣고 응답하면서 우리는 우리 안에, 우리 사이에 무엇이 떠오르는지 주목한다. 때로는 침묵으로, 때로는 감사나 긍정으로, 때로는 연상 질문으로, 때로는 세상을 보는 우리만의 방식을 공유함으로써 응답한다.

다음 내용은 어떤 공식이나 규범적인 대응 방법을 제시하는 것이 아니다. 오히려 이러한 다양한 대응은 소통 공간에서 나오는 지혜를 더욱 신뢰하는 데 도움이 된다. 어떤 제안은 모든 대화에 유용할 것이다. 다른 제안은 의사 결정이나 갈등 전환과 같은 의도적인 대화나, 명확한 목적이 있는 대화에 더 적합할 것이다.

만남의 유형 식별하기

모든 대화나 대면 경청listening encounter이 똑같지는 않다. 때로, 대면 경청은 대화이다. 새로운 아이디어와 사고방식에 열려 있고, 상호 이해와 공유를 수반하며, 탐구의 결론을 전제하지 않는 열린 대화다. 경청이 대화가 아닌 때도 있다. 이 경우 경청자는 중심에서 벗어나 "몰입sink in"하여 다른 사람의 말을 경청하고, 그 사람이 하고 싶은 말을 다 할 수 있도록 판단 없이, 온전한 관심을 기울이고 정서적으로 지지하며 있다.

어떤 유형의 대면 경청이든 우리는 현재에 머물러야 하며, 공정하게 경청할 준비가 되어 있어야 하고, 그 만남에서 우리에게 요구되는 것이 무엇인지 알아야 한다. 대화 전에 스스로 다음과 같은 질문을 던질 수 있다.

- 가볍고 부담 없는 대화인가?
- 경청하는 것만큼 내 이야기도 공유해야 하는 대화인가?
- 기쁨이든 부담이든 마음의 이야기를 나누어야 하는 대화인가?
- 의사 결정 과정인가?
- 이 대화에서 나는 의견 불일치나 갈등의 한가운데 있는가?

- 여기서 나에게 요구되는 것은 무엇인가?

그러므로, 문턱을 넘게 하는 한 가지 대응 기술은 우리가 어떤 맥락이나 어떤 대화에 처해 있는지 파악하여 그 대화에 의식적으로 적절하게 참여할 수 있도록 하는 것이다.

대응하기

만약 경청 걸림돌6장 참조로 가득한 대화에 익숙한 사람이라면, 이제 무엇을 해야 할지 파악하는 것이 어렵게 느낄 수 있다. 이럴 때 우리는 곧바로 자신을 초기화시켜 침묵에 빠지거나 천편일률적인 반응으로 일관하곤 한다. 그러나 공정한 경청은 재빠르거나 기계적이지 않다. 왜냐하면 우리는 대답을 미리 혹은 즉각 알아야 할 필요가 없으며, 어떻게 대응할지 계획할 필요도 없기 때문이다. 우리에게 필요한 것은 그 순간에 기꺼이 머물면서 무엇이 나타날지 기다리는 것이다. 이것이 겁을 먹은 모습으로 보이거나 부족한 모습처럼 느껴질 수 있다. 이미 알려진 것처럼 공정한 경청이란, 대화 상대의 존엄성을 존중하면서 온 마음을 다해 대응하는 것이다. 반드시 뭔가를 더 할 필요는 없다. 최선의 대응은 만남에 완전히, 의식적으로, 의도적으로 집중하고 어떤 반응이 표면으로 떠오르는지 기다리는 것이다. 이 장에서는 공정한 경청의 가치와 실천에 일치하면서 발생할 수 있는 몇 가지 대응 방법을 소개한다.

> 내 안에 이미 답이 있다는 것을 알게 되었다. 이 깨달음은 내가 다른 관점에서 사물을 보는 데 도움이 되었다. 나는 더 차분해지고, 더 인내하고, 덜 반응하게 되었다. 나는 대응하거나 결정하기 전에 생각한다.
>
> — JL 경청자

침묵 허용하기

대응은 조용히 마음을 가다듬고, 잠시 멈추는 것으로 시작하는 것이 이상적이다. 경청하기 위해 마음을 비운다면, 그와 동시에 우리는 답할 준비를 하거나 다른 생각에 빠져 있지도 않는다. 침묵 속에서 우리는 들은 것을 내면으로 받아들인다. 우리의 의식은 들은 것을 따라잡는다. 상대가 말하는 순간에 우리가 생각했던 자기 생각 대신, 실제로 상대가 말한 그 내용을 듣는다. 이렇게 대응이 일어나는 빈 공간이 창조된다.

침묵을 채우고 싶은 유혹이 있다. 침묵이 우리의 기본 대응이 될 때까지는 그것이 어색하거나, 불안을 일으키는 것처럼 느껴질 수 있다. 또한, 대응이 나올 것이라고 믿기가 어렵게 느껴질 수도 있다. 하지만, 대응하게 될 것이고, 특히 연습하면 적절하게 대응하게 될 것이다. 만일 "무슨 말을 해야 할지 모르겠어"라는 생각이 떠오른다면, 침묵이 더 많이 필요할 수 있다. 때로는, 아무 말도 하지 않는 것이 가장 좋은 대응이다.

> 감옥에서는 전화 통화를 15분만 할 수 있다. 그렇게 짧은 시간에, 그것도 시끄러운 환경 속에서 공정하게 듣기란 힘들다. 나는 필요할 때 소음을 차단하고 무시하는 연습을 했다. 가끔 전화 통화를 할 때, 의도적으로 침묵하는 시간을 갖는다. 엄마와 통화할 때, 나는 방해하지 않고 그냥 엄마의 말을 경청한다. 그 일은 엄마의 경험이지 내 경험이 아니라는 걸 깨달았다. 가끔 우리는 아무 말도 하지 않는다. 말할 필요가 없다. 그냥 서로를 위해 있는 것이다. 우리는 함께 있다.
>
> –JL 경청자

감사와 긍정 표현하기

침묵에 익숙하지 않거나 긴 침묵이 적절하지 않다는 생각이 들면, 어떤 경우에는 잠시 멈춰서 감사하는 마음에 머물 수 있다. "감사합니다"란 간단한 말 하나로 충분할 수 있다. 다음과 같이 연습해 볼 수도 있다. "경험을 나누어 주셔서 감사합니다." "기꺼이 진실을 말해주시니 감사합니다." 그러나 누군가 고통스러운 경험을 말할 때는 주의가 필요하다. 그 사람의 경험이나 고통의 부담을 "공유"하는 것이 아니기 때문이다. 우리는 그 사람의 말에 감사할 수는 있지만, 실제로 공유할 수 없는 뭔가를 공유한 것이라면 감사할 수 없다.

대신 슬픔이나 기쁨을 연민의 마음으로 인정하는 것과 같이 좀 더 긍정하는affirming 표현이 더 어울릴 것 같다는 생각이 들 수도 있다. "당신에게 일어난 일에 대해 말하는 것은 용감한 일입니다." [진심을 담아서] "말씀하시는 것을 잘 들었습니다." 또한 수긍의 표현으로, 우리가 목격하는 것을 의도적으로 짚어 명명하고, "그것은 부당합니다"라고 말하는 것도 강력하며, 심지어 상대에게 용기를 줄 수도 있다. 만약 누군가가 "그 일로 너무 화가 났어요" 또는 "마음이 아팠어요"와 같이 감정을 표현한다면, 우리는 "얼마나 화가 났는지 더 말씀해 주세요" 또는 "마음이 얼마나 아팠는지 말씀해 주세요"라고 말하면서 그 사람의 감정을 긍정할 수 있다. 그러나 누군가의 감정이나 대화 방식을 우리가 무의식적으로 해석하거나 가정 또는 판단하지 않도록 주의해야 한다. 이는 대화의 문을 닫아버릴 수 있다. 이러한 위험을 해결하는 한 가지 방법은 "그것이 어려웠나요?" 또는 "그것은 흥미로웠나요?"와 같은 질문을 하는 것이다.

"훌륭했어요, 고마워요!" 또는 "유익한 의견을 주셔서 감사합니다"와 같이 감사와 긍정을 의도한 말이지만 실제로는 평가가 담긴 대응에 유의하라. 특히 공동체 대화에서, 우리는 이런 말을 나름의 틀 안에서 이해하기 때문에, 비교적 가치 있거나 혹은 가치 없다는 느낌으로 해석이 이어질 수도 있다. 그런 표현 대신, 누군가가 자기 삶을 일부 우리와 공유했다는 사실에 진심으로 감사를 표현하고, 그 사람이 말한 것을 목격하고 명명하며 긍정함으로써, 우리는 판단 없이 긍정할 수 있다. 그리고 그들이 하고 싶은 말을 더 할 수 있도록 초대할 수 있다.

질문하기

또 다른 대응은 단순히 열린 질문을 하는 것이다. 열린 질문이란, '예/아니오' 이상의 답변이 필요한, 정답이 정해지지 않은 질문이다. 열린 질문은 더 깊은 이해로 이어질 수 있으며, 질문이 적절한 경우 대화 상대를 관심의 중심에 두는 데 도움이 된다. 또한 질문은 조언하기, 문제를 해결하려고 하기, 유사한 경험에 주의를 돌려 "공감"하기처럼 우리가 대화할 때 더 익숙하게 사용하는 행동을 대체하는 데 도움이 될 수 있다. 이러한 습관적인 대응이 일어나면, 그것을 알아차리고, 의식적으로 대응 방식을 바꿔 더 많은 정보를 얻기 위한 질문을 할 수 있다. 아주 간단한 질문이라도 겸손과 호기심에서 나온 질문은 변화를 일으킨다. 심지어 우리가 이미 잘 아는 사람과 대화를 나누더라도, 미처 몰랐던 것을 배울 수 있다.

질문은 의사 결정에도 도움을 줄 수 있다. 우리는 모두 고유한 내면의 지혜를 가지고 있다. 무엇을 하고 싶거나 하고 싶지 않은지, 그 이유가 무엇인지 등의 질문을 받고 자신의 대답에 깊이 귀 기울이는 것은 놀랍도록 창조적인 과정이다. 질문은 우리가 원하는 세상을 만들도록 돕는다.

질문은 또한 우리가 피해를 치유하고 갈등을 전환하는 데도 도움을 줄 수 있다. 예를 들어, 회복적 정의 대화 진행자facilitator는 열린 질문을 통해, 발생한 일, 해를 끼친 행동의 신체적, 정신적, 정서적, 재정적 영향, 피해 회복을 위한 아이디어, 향후 의도에 대한 정보를 이끌어 내며 참가자의 참여를 유도한다. 그 답을 듣는 것은 진행자나 서클키퍼circle keeper가 참가자들이 현재 처한 위치에서 원하는 곳으로 건너갈 수 있도록 안내하는 추가 질문 구성에 도움이 된다. 참가자들이 이끄는 대로 따라가면, 새로운 질문이 생기고 질문의 틀이 잡힌다.

모든 대응은 신뢰를 전제해야 한다. 우리 자신의 신뢰성과 대화 속에서 진정한 신뢰를 쌓는 행동이 관계를 형성하고 이해를 끌어낼 가능성이 더 높다. 신뢰 없이는 자기 진실을 말할 가능성도, 그래서 스스로 취약한vulnerable 상태가 되도록 허용할 가능성도 작다. 신뢰가 부족하면 완전하고 정직한 나눔이 불가능하고, 대화의 치유 및 변화의 잠재력이 제한되며, 오해를 만들거나 영속시킬 수도 있다.

프랜 피비Fran Peavey의 전략적 질문하기Strategic Questioning 방법은 반이기적이며 판단 없는 열린 질문을 통해 성찰, 창의적 사고, 문제 해결을 유도하고, 말하는 사람과 듣는 사람 모두에게 깊은 수준의 통찰과 이해를 끌어내려는 목적으로 설계되었다. 이와 같은 열린 질문은 말하는 사람이 자기의 현실, 선택권, 욕망, 개인적 힘을 탐구하도록 돕기 위해 고안되었다. 다음의 질문 사례 목록은 피비의 책에서 인용한 것이다.[1]

열린 질문 사례

- 어떤 점이 걱정되나요?
- 이 상황에 대해 어떤 점을 관찰했나요?
- 어떤 기분이 들었나요?
- 이 문제가 이상적으로는 어떻게 해결되기를 바라나요?
- 어떤 결과를 보고 싶나요?
- 목표는 무엇인가요?
- 이 결과나 목표 또는 해결책이 어떻게 이루어질 수 있다고 생각하나요? 어떤 아이디어가 있나요?
- 그것에 대해 더 말해줄 수 있나요?
- 제안이나 추가 제안이 있나요?
- 또 어떤 가능성을 상상해 볼 수 있을까요?
- 무엇이 필요한가요?
- 어떤 지원을 원하시나요?
- 다음 단계로 어떤 것을 제안할 수 있을까요?

아래 설명과 같이 몇몇 습관적인 대응은 미숙하고 심지어 잠재적으로 독성이 있어 대화 상대방에게 스트레스를 유도할 수도 있다. 알아차림과 연습을 통해 이러한 일반적인 어려움을 피할 수 있다. 또한 질문의 어조tone가 질문을 부적절하게 만드는 요인이 될 수 있다는 점에 유의하라.

일반적인 경청 대응과 대안

	일반적인 대응	대신 시도할 대안
살짝 가려진 의견 표명 혹은 조언인 질문	[…]를 하면 더 좋지 않을까요? […]를 고려해 보았나요?	침묵하라. 위의 사례 목록과 같은 적절한 열린 질문을 해 보라.
논쟁, 비난, 무시하는 질문이나 의견	제게 더 좋은 생각이 있어요. 어쨌든. '진짜' 문제는 […]예요. 무슨 뜻인가요?	진정한 호기심에 근거한 질문을 하라. 어떤 아이디어가 있나요? 무엇이 문제라고 생각하나요? …라고 말씀하셨는데, 무슨 뜻인지 좀 더 설명해 주실 수 있나요?

공감이 부족한 반응	그렇게 생각하지 말아요. 그렇게 나쁘지는 않을 거라고 확신해요. 네, 그렇지만… 글쎄요. 적어도 더 나쁜 상황은 안 벌어졌잖아요.2	제가 듣고 있어요. 어떻게 느끼셨는지 말씀해 주세요. 겪고 있는 일을 좀 더 말씀해 주시겠어요? 제가 그냥 당신과 함께 앉아 있어도 될까요? 적절한 경우, 침묵을 제안하라.
다른 사람을 고치거나, 구하려 하거나, 변화시키려는 반응3	당신은 … 해야 했어요. 아니에요, 틀렸어요. 사실은 …예요. 저는 무엇을 해야 할지 알아요. 제가 처리할게요.	위의 열린 질문 사례 목록을 확인하라.
말한 내용을 해석하거나 가정하는 반응	당신은 […한 감정 상태]인 것 같아요. 그래서 제가 듣기로는 당신이 말하는 것은… 당신이 화가 난다는 것을 알겠어요.	그래서 어떤 기분을 들었나요? 지금 기분이 어떠신가요? 이것은 당신에게 어떤 의미인가요? 열린 질문을 하라.
나 자신에게 초점을 맞추는 반응	저에게도 똑같은 일이 일어났었어요! 당신이 무슨 말을 하는지 정확히 알아요. 제 경험에 대해 말씀드릴게요…	주의 깊게, 이기적 자아ego 없이 경청하라. 이것이 당신에 관한 것이 아님을 기억하라.

이해와 공유

때때로 우리는 대화에서 우리 자신의 이야기나 관점을 공유해야 하는 상황을 만난다. 불행하게도, 흔히 대화라고 하면 상대방을 설득하거나, 자신의 대의명분이나 관점의 합리성과 정당성을 입증하기 위한 논쟁을 떠올리기 쉽다. 우리는 이기고 싶어 한다. 그런 식의 교류는 우리 사이의 격차를 좁히는 것이 아니라 오히려 악화시킬 뿐이다.

대화는 이런 경향에 대한 해독제다. "이기거나", "옳다는 것을 증명"하는 것이 아니라, 우리 각자가 개별적으로 아는 것을 변화시키는 것이다. 대화 속에는 개방성과 호혜성, 우리의 관점을 바꾸려는 의지와 다른 사람의 관점을 이해하려는 욕구가 있다. 대화에서 우리가 꼭 동의해야 할 필요는 없다. 단지 현존하고, 호기심을 갖고, 모든 판단과 기대를 버리고, 가능성에 열려 있어야 한다. 우리는 인간성이라는 공통 분모에서 만난다.

버나드 리[Bernard Lee, SM 4]는 상처가 아닌 치유의 대화가 이루어지도록, 어려운 대화를 나누기 위한 지침을 제시한다.

1. 우리가 말할 때 그 모든 의도와 이유는 상대가 우리를 이해하도록 돕는 것이다. 우리는 설득하기 위해 말하는 것이 아니라, 이해받기 위해 말한다.
2. 논쟁하거나 도전하기 위해서가 아니라, 이해하기 위해 경청한다. 우리 자신이 아닌, 말하는 사람이 부여한 의미로 그 말

을 받아들인다. 호기심을 가지고 그것이 무엇인지 묻는다. 심지어 속마음으로라도 대화 상대를 반박하거나 논쟁하지 않는다.
3. 불편해지더라도 대화에 머문다. 그래야 신뢰가 형성되고, 모든 사람이 해야 할 말을 할 수 있는 권한이 생긴다.
4. 상대를 지지하는 정보가 있으면 함께 공유한다.

적절한 정보 공유는 좋고, 문제를 더 잘 이해하고 선택 사항을 인식하는 데 도움이 된다. 그러나 요청하지 않은 조언을 하는 것은 환영받지 못하며 저항, 원망, 의존성 및 책임감 부족을 초래할 수 있다. 우리는 자기 분별력의 결실인 결정과 통찰을 가지고, 그에 따라 행동하고, 책임진다. 이는 우리의 고유한 경험, 에너지 및 지혜가 결정 과정에 끼어들지 않으면 불가능한 방식이다. 호기심과 연민 어린 탐구로 대응하여 다른 사람의 결정 과정에 거울 역할을 하는 것은 선물이자 특권이다.

우리는 연습을 통해 어려운 상황에서도 적응하고 공정하게 들을 수 있다. 대응 방식을 고안할 때, 우리는 건강한 대화의 씨줄과 날줄이 되는 경청의 기본 가치와 자기성찰을 다시 한번 짚어본다.

진심 어린 대응을 위한 세부적인 연습

- 깊은 호기심을 가지고, 평소보다 더 조용히 자신 혹은 다른 사람의 말을 경청해 보라. 그 호기심을 몸으로 느껴려 해보

고, 아무것도 모르는 "백지 상태clean slate"로 들어가 보라.

- 침묵과 함께 잠시 멈추고, 간단한 감사나 긍정의 말을 표현하거나, 충만한 호기심을 가지고 경청 대상에게 질문하는 연습을 해보라. 막힌 느낌이 든다면, 89쪽의 열린 질문 사례를 참고하라.
- 짝을 지어 함께 질문하는 연습을 하라. 관심 있는 일이나 어릴 적 이야기 등 짝에게 주제를 제시하고 타이머를 설정하여 2분 동안 그 주제에 대해 말하도록 하라. 그 시간 동안 또는 그 후에 1~3개 정도 질문하라. 대화가 어떻게 진행되는지 지켜보라! 이것은 그룹이나 교실 환경에서 유용한 연습이다.
- 당신이 내리려는 결정에 대해 생각해 보라. 선택을 고려하는 데 도움이 될 질문을 몇 가지 적어보라. 짝에게 당신의 상황을 공유하되, 그가 조언하거나 비슷한 상황을 나누거나 하지 않고 당신이 준비한 질문만 하도록 요청하라. 함께 당신의 대응을 듣고, 그에 대한 당신만의 지혜를 이야기하면서 스스로에게 귀 기울여 보라. 그런 다음, 그 과정이 얼마나 생산적이었는지 되돌아보라.
- 당신이 동의하지 않는 누군가의 믿음과 의견에 직접 도전하기보다는 더 많은 대화를 요청하라. "어떤 경험을 통해 그런 믿음을 가지게 되셨는지 궁금합니다. 왜 그렇게 생각하는지 자세히 말씀해 주세요"와 같이 말해보라.

이야기

 2018년, 최대 보안을 자랑하는 오래된 교도소인 펜실베이니아 주 그래터포드Graterford에서 2,648명의 수감자가 같은 부지에 새로 지어진 피닉스 교도소로 이송되었다. 이송을 돕기 위해 몇 달 전부터 파견된 검은 옷을 입은 특수 보안 요원들의 위압적인 모습 때문에 교도소 안에는 불안과 불확실성이 팽배했다. 긴장과 두려움이 그 곳에 스며들었다.

 마침내 이송이 시작되었을 때, 수감자별로 허용된 개인 소지품 상자 두 개를 수색하는 임무를 맡은 일부 직원이 많은 물품을 파손하고 파기하고 폐기했다. 종교 서적, 기념품, 가족 사진이 성적, 인종적, 혐오스러운 이미지와 욕설로 훼손되었다.5 설상가상으로 처음에 행정부가 이 위반 사항을 인정하지 않으면서 상황이 더 나빠졌다. 보상 제도를 수립한 후에도 공식적인 사과나 잘못에 대한 인정은 없었고 가해자들은 어떤 처벌도 받지 않았다.

 이 엉터리 조치는 교도소에서 발견되는 존엄성 침해의 규범적 수준을 악화했고, 많은 사람에게 트라우마와 환멸을 남겼다. 폭력과 보복을 생각하거나 이를 입 밖으로 내는 일도 있었다. 이때 공정한 경청은 구원의 은총이 되었다. 감옥 안에는 폭력 이외의 대안을 찾고, 갈등의 잠재적인 가속화를 완화하며, 강력한 스트레스와 격변의 상황에서도 내내 평화로움을 유지할 수 있도록 훈련받은 JL

경청자 무리의 씨앗이 뿌려져 있었다.

어느 날, 최고 수뇌부가 수감자들을 진정시키고 두려움을 달래려고 감옥 구역을 둘러보러 왔다. 하지만 그 때, 한 고위 간부가 수감자 중 한 명이 마음에 들지 않는 발언을 했다는 이유로 고함을 지르고 눈에 띄게 짜증을 냈다. 긴장이 높아졌다. 그 수감자는 단지 모든 사람이 느끼는 바를 표현했을 뿐이었지만, 고위 간부의 신경을 건드린 것이 분명했다. 간부의 목소리가 높아졌다. 긴장이 극에 달했다. 폭력 사태가 금방이라도 터질 것 같았다.

그 구역의 수감자들은 흥분한 채, 동료 수감자를 지지하고 간부에 반대하는 반응을 보일 준비가 되어 있었다. 순간의 열기가 고조되는 가운데, JL 경청자 한 명이 자신의 "경청 훈련을 '발동하고 kick in' 싶어졌다." 그는 이 권력자의 취약성을 알아차리고, 말을 들어보기로 했다. JL 경청자는 그를 돌아보며 차분하고 진지하게 물었다. "저 사람의 말이 방아쇠가 된 것 같네요?" 가열되었던 그 순간, 자신을 알아보는 인정에 무장 해제된 듯 보였다. 간부는 방금 소리쳤던 수감자를 바라보며 고개를 끄덕이고, 양해를 구한 뒤 자리를 떠났다. 멈춤, 경청, 진심 어린 대응이 폭력이나 분노로 폭발할 수 있었던 불안정한 순간을 바꾸어 부드럽게 다듬어주었다.

JL 경청자

8장
내면의 안내 경청하기: 자기돌봄

> 당신이 만지는 모든 것이 당신을 변화시킨다.
> 당신이 바꾼 모든 것이 당신을 변화시킨다.
> — 옥타비아 버틀러Octavia Butler —

자기를 성찰하고, 경청에 방해가 되는 걸림돌을 분별하고, 현존의 장소에서 대응할 때, 경청이 주로 밖을 향한 작업이거나 다른 사람과의 만남에서 공정하게 경청하기 위한 연습처럼 보일 수 있다. 그렇다. 그러나 경청 연습을 통해 우리는 또한 자기를 경청하고, 자기에 대해 배우며, 우리 내면에서 일어나는 지혜를 듣는다. 우리는 그동안 내면의 세계에 대한 의식을 높여왔다. 섬세하고 아름다운 춤을 추며, 내면과 외면 안팎으로 경청해 왔다. 경청은 다방향multidirectional이다.

이 장에서 우리는 자기돌봄의 일환으로, 의도적으로 자기 말에 귀를 기울이는 법에 대해 더 깊이 알아갈 것이다. 우리는 대면 경청 전에 자기를 돌보고 건강하게 경청할 수 있는 능력을 분별할 수 있다. 다른 사람의 고통을 경청할 때 겪을 수 있는 잠재적 피해를 해결함으로써 경청하는 동안과 경청한 후에 자신을 돌볼 수 있다. 또한 애도, 치유, 축하, 번영하려는 욕구에 일상적으로, 의식적으로 주의를 기울이면서 내면의 안내에 귀 기울이는 지속적인 자기돌봄 습관을 기를 수 있다. 우리 자신에게 귀 기울이는 것은 사랑, 정의, 치유, 변화의 행위이기도 하다.

다른 사람과 함께 경청하는 능력 분별하기

다른 사람과 함께 온전히 현재에 머물고 집중하면서 경청하는 일은 쉽지 않다. 항상 그렇게 할 수 있는 올바른 마음, 정신, 몸 상태에 있는 것이 아니기 때문이다. 우리는 결국 인간이다. 때로 우리는 너무 아프고, 상처받고, 기쁘거나, 아니면 공정하게 경청하기 위해 어떤 모습이어야 하는지, 무엇이 필요한지 생각하느라 주의가 산만해진다. 그래서 우리가 대면 경청을 시작할 수 있는지 아닌지 분별하기 위해 주의를 기울이고, 잠시 멈추고, 자기를 경청하는 것이 중요하다.

이처럼 분별discernment은 핵심적인 자기돌봄 기술이다. 분별은 자기 내면의 지혜와 지침을 찾는 과정이며, 경청 과정에서 분별은 우리가 대화나 대면 경청에 건강하게 참여할 수 있는지 없는지를 명확히 하도록 돕는다. 우리는 우리 자신에게 열린 마음과 연민을 가지고, 자기 감정, 두려움, 욕구 및 패턴이 그 순간에 우리의 경청 능력에 어떤 영향을 미치는지 분별한다. 따라서 이 과정은 우리 자신과 우리가 경청하는 사람들에게 친절하고 자비로우며, 생명을 주는 대응이 무엇인지를 결정하는 데 도움이 된다.

분별은 또한 우리의 몸, 마음, 정신을 경청하여, 우리 자신을 위험으로부터 보호하도록 돕는다. 내가 어떻게 느끼는가? 나는 유독한 상황에 있는가? 나에게 경계boundaries가 필요한가? 왜 그런가? 나는 안전한가? 나는 이 만남에서 경청할 수 있는가, 아니면 두려움이나 다른 욕구 때문에 온전히 경청하지 못하고 있는 것은 아닌가? 분별은 다음과 같은 질문에 답하는 방식이다.

- 이 상황에서 최선의 대응은 무엇인가?
- 이 상황에서 분한 마음 없이, 권력자나 구원자로 보이고 싶은 욕구에서 벗어나 나는 무엇을 기꺼이 주고 제안할 수 있는가?
- 누군가의 감사나 인정을 기대하지 않고, 내 마음에서 자연스럽게 일어나는 대응은 무엇인가?

경청을 방해하는 걸림돌이 분별을 흐릴지도 모른다. 그러나 연습을 통해 우리는 잠시 멈추고, 현재에 집중하고, 자기를 경청하는 능력을 기를 수 있으며, 다른 사람의 말을 공정하게 경청할 수 있는지에 대한 내면의 안내를 듣게 된다.

상처받지 않고 타인의 고통에 마음 열기

경청하다 보면, 필연적으로 커다란 고통과 아픔의 이야기를 듣게 된다. 그 고통을 들을 수 있을 만큼 건강한 마음과 정신과 몸 상태에 있다고 분별할 때조차도, 우리가 듣는 그 이야기에 영향받으리라는 것을 아는 것은 여전히 중요하다. 연민 피로compassion fatigue라고도 불리는 이차적이고 간접적인 트라우마는 경청 관계의 치유 효과를 떨어뜨릴 뿐만 아니라, 경청하는 사람에게도 해로울 수 있다.1

> 매일 고통과 상실에 잠기면서도 그것에 영향을 받지 않으리라 기대하는 것은 젖지 않고 물속을 걸을 수 있기를 바라는 것만큼이나 비현실적이다.
> – 레이첼 나오미 레멘Rachel Naomi Remen

이러한 형태의 관계적 소진relational exhaustion은 "이야기를 듣지 않고 이야기에 우리 자신을 끼워 넣을" 때 발생하는 모호한 경계 두기와 건강하지 않은 이기적 자아 집중에서 비롯된다.2 예를 들어 친구가 학대하는 파트너를 떠나려 한다고 털어놓는다고 하자. 우리는 경청하는 대신, 상황의 심각성을 몸으로 즉각 느끼고 상황을 해결하려고 한다. 친구의 이야기를 듣고 그 이야기에 대응함으로써 친구의 상황을 존중하기 전에, 그를 "구출"할 계획을 세우고, 요청하지 않은 조언을 하고, 친구가 필요하고 원하는 것이 무엇인지 묻거나 듣지도 않은 채 "도울" 계획을 세우기 시작한다. 반대로, 적절한 경계healthy boundaries는 우리가 타인의 삶에 빨려 들어가지 않도록 건강하지 않은 몰입을 막아준다. 누군가가 물에 빠졌을 때, 그에게 필요한 것은 구명줄이지, 함께 물에 빠질 사람이 아니다.

가정하기로는, 우리가 교류하는 많은 사람이 어떤 형태로든 마음의 고통이나 트라우마를 겪었을 것이다. 경청하면서 상대에게 해를 끼치지 않으려면, 트라우마의 유병률과 부작용 증세 및 행동을 인식하는 것이 중요하다. 트라우마에 관한 정보로 얻은 깨달음과 내·외면적 경청으로 얻은 내용을 통합하여, 우리는 누군가의 트라우마로 인한 고통에 휘말리는 것을 피할 수 있으며, 우리의 친절하고 연민 어린 경청 자체가 치유의 원천이 될 수 있다.3

우리가 정서적으로나 신체적으로 건강할 때라야, 다른 사람의 고통, 트라우마, 괴로움을 자신의 것으로 삼지 않고 온전히 대면할 수 있다. 그러한 균형 잡힌 경청의 첫 단계는, 우리가 공감하기 쉬우며, 그래서 우리가 경청하는 것에 영향을 받는다는 사실을 인정하는 것이다. 두 번째 단계는 경청할 준비가 되었는지 분별하는 것이다. 준비되었다면, 세 번째 단계는 현재에 머물러 경청하는 것이다. 이에 관해서는 앞 장에서 모든 연습 항목을 자세하게 설명했지만, 여기서는 그 과정에서 자기를 돌보는 방법인 자기 경청에 초점을 맞출 것이다. 해야 할 일 목록, 기억, 판단 같은 생각이 떠오르면, 그 생각을 알아차리고 흘려보내고 다시 현재로 돌아온다. 그러나 내면에서 욕구나 우려를 나타내는 어떤 생각이나 몸의 감각이 올라올 때는 그것에 집중할 준비를 해야한다. 심장이 두근거리는

가? 안전하지 않다고 느끼는가? 건강하게 이 대화를 계속할 수 있을까? 연습을 계속 반복하면, 다른 사람의 고통에 몰입했을 때조차도 자신의 필요가 생길 때 그것을 듣는 법을 배우게 된다.

네 번째 단계로, 어려운 만남을 마친 다음에는 우리 자신의 감정을 조절하기 위해, 자기를 경청하는 자기돌봄 연습을 계속한다. 인정받지 못하고 해결되지 않은 반응reactivity과 고통distress은 말 그대로 우리를 정신적으로, 감정적으로, 육체적으로 병들게 할 수 있다. 이러한 내면 작업은 명상, 일기 쓰기, 영적 수행 또는 치유와 같이 여러 가지 형태로 이루어질 수 있다. 그 밖에도 경청, 휴식, 경계 설정, 축하, 움직임, 고요함 등 우리만의 고유한 치유와 온전함, 자신 및 타인과의 올바른 관계로 이끄는 여러 가지가 있을 수 있다. 우리는 내면 작업이 어떤 형태를 취할지 알아보기 위해 스스로에게 귀를 기울일 수 있다.

자기 필요와 지혜 경청하기

우리 역시 표현하고 들어야 할 자기만의 역사와 이야기가 있다. 자기를 경청하는 자기돌봄 연습은 이것을 인정하는 것을 포함한다. 우리에게도 고유한 내면의 지혜와 지식이 있다. 우리 자신의 공정한 경청자가 되어 슬픔이나 기쁨, 혼란이나 명확함을 의식 속으로 끌어들여 주의 깊게 다룰 수 있다.

자기 필요를 경청하지 않고 대응하지 않는 것은 고질적이다. 연민 피로와 번아웃은 특히 서비스 제공자와 체인지 에이전트change agent, 역자 주: 조직문화를 개발하는 과정에서 요구되는 모든 변화를 계획하고 주도하는 전문가를 말한다. 일명 변화 책임자 또는 변화담당자라고도 한다 사이에서 흔히 나타난다. 여러 직장에서 긴 시간 일하는 사람은 해로운 스트레스를 받는 삶을 산다. 24시간 돌아가는 뉴스와 소셜 미디어는 정신 건강을 해칠 수 있다. 번아웃, 스트레스나 우울증으로 어려움을 겪는 동안 다른 사람의 말을 경청하려고 한다고 상상해 보라. 쉽지 않은 일이다. 이런 상태에서 경청하려고 하면, 그 번아웃과 스트레스와 우울증이 말하는 사람에게 바로 전이된다.

> 수감 중이었던 한 경청자가 자기 내면의 안내에 귀 기울이고 자신의 선함goodness에 잇닿은 경청 연습을 하기로 결정했다. 그리고 그때 그는 깊이 감동했고, 변했다. 감방 동료가 없는 개인 시간이 모처럼 주어지자, 그는 조용히 침대에 앉았다. 가슴에 손을 얹고 숨을 쉬며 자신에게 집중했다. 그는 나중에 이렇게 말했다.
> "7년 만에 처음으로 내 심장이 뛰는 것을 느꼈습니다."
> – JL 경청자

자기 몸과 마음, 정신에 귀를 기울이지 않는 한, 우리는 휴식하고, 돌보고, 회복하기 위해 자기에게 무엇이 필요한지 정말 모른다. 의도적인 내면의 경청을 통해, 우리는 주의 깊게 자기를 경청하는 데 방해가 되는 경청의 방해물을 발견할 수 있다. 우리는 떠도는 마음을 알아차리고 내면의 자아로 돌아가 거기에 있는 것에 집중할 수 있다. 내면에서 들리는 비판의 목소리를 목격할지도 모른다. 여기서도 우리는 그저 알아차리고, 판단하지 않으며, 연민 어린 경청으로 돌아간다. 침묵의 현존, 감사, 긍정 또는 질문으로 우리 자신에게 대응하고, 이어서 내면의 대응을 듣기 위해 계속 경청할 수도 있다. 이것은 우리가 결정을 내려야 할 때 특히 유용하다. 진정으로 무엇을 원하는지 스스로 묻고, 자기 목소리가 말하는 것을 들을 수 있다.

트라우마를 치유하는 것을 포함하여 자기를 돌보는 것은 더 큰 자기 인식을 만들고, 건강을 개선하고, 다른 사람과 함께 하는 경청의 질을 높인다. 우리 자신을 돌보는 것이 인권이며, 자기돌봄 실천이 약점이 아니라 강점이라는 인식이 커지고 있다. 이 권리를 행사하는 것은 우리 자신에게만 이로운 것이 아니라, 우리의 관계와 공동체를 변화시킬 수 있는 강력한 에너지를 방출한다.

자기돌봄에서 사회 변혁으로

자기돌봄과 그것이 우리의 관계와 대면 경청에 미치는 영향은 사회 변혁으로 이어지는 다리 역할을 한다. 예를 들어, 활동가이자 작가인 트리샤 허시Tricia Hersey는 최근 저서인 『휴식은 저항이다: 선언서』Rest is Resistance: A Manifesto에서 끊임없는 생산성을 요구하는 자본주의에 대한 강력한 해독제를 제시하며, 억압적 시스템에 대한 근본적인 재조정으로서 휴식을 재조명한다.[4]

경청 연습의 열매인 자기 알아차림과 의도성intentionality이 없이는, 우리를 지치게 하는 불의한 사회 시스템의 독성을 재생산하게 된다. 잠시 멈추고, 조율하고, 경청하고, 우리 자신의 정신적, 신체적, 영적, 관계적 건강에 주의를 기울이는 것이 중요하다. 우리가 세상에 가져오고 싶은 것을 우리 자신에게 제공하기 위해서 말이다. 우리는 그럴 가치가 있을 뿐만 아니라, 변화 주도자들의 내면적 안녕을 지원하는 것이 우리의 건강에 필수적이며 혁신과 협업을 위한 조직적 역량을 증진한다는 분명한 증거가 있다. 이는 궁극적으로 사회 및 환경 문제에 대해 보다 상상력 있고 혁신적이며 효과적인 해결책을 제시할 수 있다.[5]

철저한 자기돌봄을 옹호하고 실천하는 것은 우리 안에 깃들어 있으며 모든 대화에 숨겨진 알려지지 않은 가능성의 문턱에 올라서는 것이다. 우리의 자기 경청은 각 사람 안에 잠재한 가능성을 해방한다. 우리 자신을 경청하고 돌보겠다는 약속commitment과 함께, 우리는 평화와 정의 구축이라는 장기적인 목표를 위해 연민을 가지고 경청에 전념할 수 있다.

자기돌봄을 위한 세부적인 연습

- 내면의 작업에 전념하라. 이번 장에서 논의한 내면 경청의 초점이 무엇인지 조용히 생각해 보라. 그중에서 한두 개를 골라 내면의 목소리가 다른 것을 시도해 보라고 할 때까지 그 방법에 집중하라.

- 매일 자기를 경청하라. 아침일과에 자기 경청을 넣고, 그 날 실천할 내용과 의도를 적어보라. 하루가 끝나면, 판단이나 의도 없이 현존하며 자기를 경청했다고 느낀 부분을 간략하게 성찰해 보라.
- 감사를 실천하라. 무엇에 감사하는지 자신에게 묻고 무엇이 떠오르는지 경청하라. 이는 내면 "대화"가 될 수도 있고, 질문과 답변을 글로 적어볼 수도 있다. 여러 연구에 따르면, 이 연습을 21일 동안 반복하면 혈압이 낮아지고 뇌가 세상을 인식하는 방식이 바뀐다고 한다. 주변 환경을 더 긍정적으로 인식하게 된다.
- 내면의 비평가와 자기 판단을 의식하라. 언제 어떻게 비평과 판단을 하는지 주의를 기울여 보라. 친구에게 말하듯 스스로에게 말하고, 자기에게 같은 연민을 표현하는 것으로 메시지를 바꾸라.
- 99쪽의 질문을 스스로에게 던져 건강한 경계를 파악하여, 자기와 타인에 대한 알아차림과 연민을 바탕으로 건강한 개인 경계를 유지하라.
- 고통받는 사람들과 직접 소통하는 동안, 그리고 그 후에 사용할 신체적, 영적, 또는 활력을 불어넣을 수 있는 실천 방식을 개발하라.
- 다른 사람의 부정적인 에너지를 "모으고" 붙드는 것을 피하라. 부정적이고 해로운 에너지를 변화시키고 그것에서

당신을 보호해 주는 "빛의 원"이 당신을 둘러싸고 있다고 상상하며, 사랑과 친절이 당신과 마주치는 사람들 사이에서 양방향으로 흐르도록 기도하라.

- 고통이나 갈등을 알아차릴 때, 또는 어려운 만남 중이거나 그 후에, "연민 연습practice of compassion"이라고도 하는 통글렌tonglen, 역자 주: 숨 쉬면서 날숨에 나쁜 것을 내보내고, 들숨에 좋은 것을 들이마시는 불교의 호흡법을 수행하라. 세 가지 호흡 연습을 간단히 소개하면 다음과 같다.

➔ 호흡 1: 심호흡하라. 마음, 가슴, 몸을 사랑과 연민의 에너지, 신성한 존재Divine Presence/원천 에너지Source Energy에 열어두라. 숨을 들이쉬면서 이 모든 긍정 에너지가 온몸에 스며들게 하고, 숨을 내쉬면서 온갖 부정적인 에너지, 이기심 등을 내보내라. 이 에너지로 당신의 몸과 마음을 채우라.

➔ 호흡 2: 당신이 목격하고 있는 고통/갈등을 인식해 보라. 숨을 쉬며 이것들을 가슴으로 가져오라. 당신이 느끼는 고통의 질감과 크기를 느껴보라. 연민으로 다른 사람의 고통이 당신의 마음을 넓히도록 하되, 그 고통이 당신의 일부가 되게 하지는 말라. 사랑과 연민으로 치유를 호흡하라. 치유가 어떤 형태로 이루어질지 알 필요는 없다. 그저 원하고 의도하라.

➔ 호흡 3: 깊은 정화의 호흡을 한 번 더 들이마시고, 자기

와 고통받는 모든 사람의 치유를 염원하라. 감사하라.
- 만남을 마치고 떠날 때, 경험한 모든 것을 떠올려라. 몸 어디에 긴장과 불안이 남아 있는지 알아차리라. 의도적으로 이러한 부위를 이완하거나 긴장을 풀어주는 신체 활동을 해보라. 소리를 내며 숨을 내쉬거나 팔, 손, 다리를 "털어내 보라." 무엇이든 자신에게 맞는 몸 동작을 해보라.
- 발을 땅에 심듯이 디뎌보라. 발을 통해 땅과의 연결을 느끼고 땅의 깊은 중심에 "뿌리 내려라." 지닌 모든 부정적인 감정이 땅으로 흘러들어 사라지도록 하라. 발을 통해 땅의 강력한 치유 에너지를 끌어올려 온몸을 채우라. 호흡하라, 호흡하라, 호흡하라.

이야기

나는 억울한 유죄 판결로 지금 26년째 감옥에 갇혀 있다. 내 딸은 29살이고, 딸에게도 두 딸이 있다. 내 딸은 내가 집에 있었던 기억이 없다. 물리적으로 옆에 존재하지 않았으니, 딸에게는 평생 아버지가 없는 것과 마찬가지였다. 우리가 이야기할 때, 나는 가끔 감옥이 우리를 갈라놓기 전의 기억, 웃음으로 가득 찬 기억, 딸이 어린 시절에 사랑받았다고 느꼈던 때를 언급한다. 그 기억은 내가 책임감 있는 부모였음을 떠올리게 하고, 나 자신을 시스템이 투사하는 괴물이 아닌 다른 사람으로 볼 수 있게 해준다. 나는 딸이 항상 아버지가 없다고 느꼈던 것은 아니라고, 지금도 그렇게 느낄 필요가 없다는 것을 알았으면 해서 그 기억을 언급한다.

안타깝게도, 내 접근 방식은 바라던 효과를 얻지 못했다. 오히려 딸이 내 육체적 부재를 뼈저리게 상기하도록 만들었다. 딸이 견뎌야 했던, 내가 집에 있었다면 일어나지 않았을 고난과 고충 하나하나가 트라우마를 일으키는 경험이 되었다. 이것이 분노와 원망의 관문이 되어 지금 우리의 대화 대부분에서 나타난다. 그것은 우리의 말과 어조에 영향을 미치고, 서로에 대한 분명한 사랑마저도 의심하게 한다. 가끔은 15분을 통화하면서 딸은 공격하고, 나는 방어하는 것 같다.

딸의 상처는 내가 곧 집으로 돌아가기를 바라는 중에 준비해야 할 가장 힘든 현실이었다. 나는 나의 부재가 딸에게 트라우마를 일으켰다는 것을 안다. 어떻게 그것을 인정하지 않을 수 있겠는가? 그리고 그것이 내가 가진 기억을 언급하지 말아야 한다는 의미라면, 나는 언급하지 않을 것이다. 하지만 우리의, 딸과 나의 트라우마는 거기서 끝나지 않을 것이다. 이런 기억을 이야기하지 않는 것은 내 경험을 무시하고, 내 딸이 계속해서 자신의 고통과 나에 대한 거짓으로 얼룩지고 흐려진 창문으로 이 상황을 바라보게 할 것이다. 그것은 우리 둘 모두에게 치유가 되지 않는다.

나는 끊임없이 나 자신과 대화하고, 이 문제를 해결하고, 의도와 편견 없이 경청하려고 노력하고 있다. 어렵다. 하지만 나는 인간으로서 서로의 말을 공정하게 경청하기 전에 우리 자신을 경청하고 우리 자신의 트라우마를 탐구해야 한다는 것을 안다. 나는 누구에게나 이렇게든 저렇게든 다루어야 할 트라우마가 있다고 확신한다. 우리가 서로 이야기할 때, 우리는 생존자로서 이야기하는 것이다. 우리가 자기를 경청하고 알고 이해하는 법을 터득한다면, 다른 사람을 경청하고 이해하는 데도 가장 효과적이다.

이제 나는 경계를 존중하는 데 더 열려 있다. 딸에게 내 의도를 강요하지 않으려고 노력한다. 내가 딸을 사랑한다는 사실을 알려주고, 창문을 열어 놓을 것이다. 그리고 딸에게 공간과 시간이 필요할 수도 있다는 것을 인정하면서, 딸의 이야기를 경청할 것이다.

JL 경청자

9장

공동체 안에서 경청하기: 피해 전환과 정의 실현

> 정의는 공개적으로 드러난 사랑이다.
> – 코넬 웨스트 Cornel West –

　19세기 중반, 크로우 족Crow Nation, 압살룩: Apasaalooke의 마지막 전통 부족장이었던 '알락스치아후슈' Alaxchiiaahush는 플렌티–쿕스 Plenty-coups로도 알려져 있는데, 아직 어린 소년이던 시절에 작은 박새chickadee가 등장하는 강력한 꿈을 꾸었다.1 크로우 족에게 박새는 듣고, 배우고, 적용할 줄 아는 새로 알려져 있었다. 부족의 원로들은 그 꿈을 격변의 시대에 일어날 들소buffalo의 종말, 크로우 족의 생존, 박새에게 배울 필요성에 대한 예언으로 해석했다. 그 꿈이 크로우 족에게 주는 궁극적인 의미는 부족 구성원만이 알고 표현할 수 있다. 하지만 말할 수 있는 것은, 혼란과 사회적 분열, 문화 붕괴의 시기에 정신적 외상을 입고 의욕을 잃은 사람들이 동료 피조물인 박새, 듣고 적용하여 생존할 수밖에 없는 박새에서 지침을 얻고 희망을 끌어냈다는 것이다.

　우리는 크로우 족의 이 지혜를 사회적, 문화적 격변과 불화의 현시대를 위한 지혜로 인식하고, 우리 역시도 경청하고 적용해야 한다는 점에 주목한다. 우리는 마구잡이로 변하지 않고, 박새처럼 경청하고 들은 것을 따라 기꺼이 변화하고자 한다.

앞 장에서 소개했던 경청 가치와 연습은 우리 일상의 모든 상호작용에 적용할 수 있지만, 불화와 단절에 대응하려는 특정한 목적을 위해서도 적용할 수 있다. 공동체에서 발생하는 대인 관계 및 체제상의 피해에 주목하고자 의도적으로 공간을 만들 때, 어떤 것이 떠오르는지 경청하고 적용할 수 있다. 이 장에서는 경청과 우리 안에서 피해를 변화시키고 정의를 실현하는 공식적, 비공식적 방법 간의 관계를 살펴볼 것이다.

해harm를 변화시키기 위한 공식적 절차

중재

경청은 중재의 핵심이다. 중재는 중립적인 제3자가 분쟁 당사자 간의 의견 불일치를 건설적으로 해결하도록 돕는 구조화된 지원 과정이다. 그 과정은 오해를 명확히 하고, 우려 사항을 파악하고, 합의점을 찾고, 상호 합의 가능한 해결책에 도달하는 과정 속에서 모든 당사자의 존엄성을 존중하는 것을 포함한다. 보통 중재는 분쟁 당사자 및 기타 이해관계자와 별도의 준비 대화로 시작하여, 일련의 경청 세션으로 구성된다. 이때 주의 깊게 경청하면, 사람들을 한데 모으기 전에, 갈등을 이해하고 진행 과정을 맞춤화하는 데 필요한 고유한 정보가 드러난다.

경청은 중재 과정에서도 마찬가지로 중요하며, 중재자는 참가자에게 경청 가치와 실천을 안내하여 과정의 기반을 다지는 것을 도울 수 있다. 당사자 간의 서면 합의가 목적이 될 때가 많지만, 무슨 말을 하는지 참석자 모두가 들을 수 있어야 한다. 특히 분쟁이 깊은 원한에서 비롯된 경우, 특정 의제 없이 처음부터 끝까지 겸손과 호기심으로 경청하는 것이 큰 힘이 될 수 있다. 합의 후, 그 결과가 상호 존중의 산물이라면, 참석자들은 합의의 기본 내용을 받아들일 수 있을 것이다.

회복적 정의

회복적 정의RJ는 피해를 예방하고 대응하며, 서클이나 회합conference과 같은 대화 과정을 통해 의도적으로 공동체를 세우려고 설계된 철학이자 실천 모음이다. 일반적으로 사법적 피해나 학교에 기반한 피해 상황에서 활용되다가, 점차 다양한 공동체 환경에서 사용되고 있다. 이런 실천은 피해를 입은 사람, 피해를 입힌 사람, 그들의 지지자 및 공동체 구성원을 포함한 다양한 관계자를 한데로 모은다. 진행자facilitator, circle keeper의 도움을 받아 모두가 함께 피해와 그 영향 및 발생한 요구 사항을 파악한 다음, 적절한 경우 모든 관련자에게 책임과 "바로잡기"가 무엇을 의미하는지 공동으로 결정한다.

이러한 맥락에서 경청은 아마도 가장 중요하다. 하지만 대화 참여자가 트라우마를 경험한 경우, 특히 심각하거나 치명적인 폭력을 경험한 상황일 때는 경청이 매우 어려울 수 있다. 이러한 피해를 경험하거나 가하는 것은 의미를 잃게 하거나, 자신의 타고난 존엄성과 가치에 대한 감각을 잃게 만들 수 있다. 서로의 이야기를 듣기 전에, 참여자는 먼저 자기 내면의 목소리에 귀를 기울이고, 그 안에서 일어나는 의미 부여와 존엄성 회복의 이야기를 들을 기회가 있어야 한다. 예를 들어, 매우 취약한vulnerable 상태에 놓이게 되는 회복적 정의 대화 실천에 참여하려면, 자기 이야기가 경청 받으리라는 확신과 온전한 인간성으로 상대방의 말을 경청할 시간과 공간이 주어질 것이라는 확신이 필요하다.

따라서 진행자의 경청 실천은 회복적 만남을 위해 참여자를 준비시키고, 과정을 진행하고 유지하는 데 필수적이다. 진행자가 경청의 모델을 보여줌으로써 참여자는 자기 자신과 서로의 말을 경청하는 법을 배울 수 있다.

더 광범위한 회복적 정의 분야의 의견을 경청하는 것 또한 매우 중요해지고 있다. 회복적 실천 내에서 대인 관계의 피해를 다룰 때, 원주민 집단 학살이라는 사회-체제적 "1차 피해"와 샤텔 노예제라는 "2차 피해"가 적절히 다루어지는가에 대해, 그리고 다양성, 형평성, 포용성 등 전문화에 대해 미국과 그 밖의 유색인종 학자 및 실무자들이 중요한 질문을 제기하고 있다. 최근에 출간된 선집anthology, 『유색인을 위한 회복적 정의』*Colorizing Restorative Justice*는 회복적 정의 분야가 그 토착적 뿌리를 존중하기 위해 들어야 하며, 회복적 실천 분야에서 이를 가시화하지 않는다면 사회적 구조적

피해가 앞으로도 영속화될 것이라는 우려의 목소리를 내고 있다.2

변혁적 정의

변혁적 정의TJ는 종종 형사 사법 시스템을 사용하지 않고, 공동체 내에서 형사적 피해를 포함한 대인적 피해를 변혁하는 다양한 운동, 이론 및 실천이다. 동시에 대인적 피해가 발생하는 체제적 불의에 주의를 환기하고 이를 바꾸려고 시도한다.

변혁적 정의의 기원은 다양하고, 현대적 변형도 있다. 한 가지 역사적 맥락은 수천 년 동안 이어져 온 선주민 관행이다. 선주민 관행은 항상 변혁적으로 여겨졌으며, 현대의 전지구적 회복적 정의 운동에 영향을 주었으나 그와는 구별된다. 또 다른 역사적 줄기는 2000년대 초, 미국의 가난한 여성과 유색인 트랜스 여성들 사이에서 기원한 변혁적 정의다. 그들은 자기들을 범죄자 취급하는 형사 사법 체제를 신뢰하지 못하는 상태에서 지역사회의 갈등때로는 폭력적 갈등을 해결해야 했다.3 따라서 변혁적 정의 실천은 형사 사법 체제로 인한 간극을 메우려는 순수한 필요 때문에 탄생한 운동이다.

후자의 변혁적 정의는 교도소 산업 단지에 대해 명확한 폐지론적 관점을 가지고 있으며, 생존자 안전, 책임 의식, 폭력을 낳는 사회적 조건의 변화를 실천의 중심으로 삼는다. 일반적으로 변혁적 정의 운동은 더 큰 사회-체제적 해악을 다루는 맥락 안에서 대인 관계적 피해를 다룸으로써 갈등과 피해를 변화시키는 것을 선호한다. 경찰 폭력을 포함하여 폭력에 시달리는 가난하고 과잉 치안 상태에 놓인 지역사회에서는 애초에 정의가 없었기 때문에 정의 회복이 목표가 아니라 그러한 지역사회 내에서 대인 간 피해를 낳는 구조적 조건을 변화시키는 것이어야 한다.4

변혁적 정의 중 공동체 상호책임 서클이라고 불리는 실천은 공동체의 이해관계자를 모아 피해에 대응한다. 회복적 정의와 마찬가지로, 변혁적 정의 실천에서도 경청이 중요하다. 참여자들은 대인 관계의 피해뿐만 아니라, 사회적 지원을 제공한다고 주장하는 것과는 반대로 소외시키고 억압하는 수많은 사회 시스템과 제도 때문에 트라우마를 겪는 고통도 감당해야 한다. 변혁적 정의 진행자는 주의 깊게 경청하고, 이러한 복잡한 감정 속에서 구조를 제공하며, 안전, 치유, 정의, 공동체의 상호책임을 향해 함께 노력할 수 있도록 참여자들을 안내한다. 변혁적 정의 활동가인 마리아메 카바Mariame Kaba와 시라 하산Shira Hassan은 변혁적 정의 워크북,『회복을 향해 더듬으며 나아가기』*Fumbling Towards Repair*에서 경청의 중요성을 강조한다. 이들은 공동체 상호책임 서클에서 코디네이터나 진행자 및 참여자가 잘 경청한다는 것은 주의, 판단 보류, 개방성, 배려를 포함한다고 말한다.

경청과 올바른 관계 속에서의 삶

위에 언급한 공식적 과정 중 일부는 평화 만들기가 삶의 방식인 원주민의 관행에서 따왔다. 예를 들어, 나바호 족Navajo nation의 경우 이 과정을 설명하는 문구는 '호슈지 나앗아니이' hoshooji naat' aanii

인데, 이를 대략 번역하면 평화 만들기를 뜻한다. 이 단어는 실제로 "서로와 우주와의 관계를 재형성하기 위해 사람들이 함께 이야기하는 것"을 의미한다. 이 과정에는 "나의 존엄성을 회복하고, 나의 가치를 회복하는 것"을 의미하는 k'e케 또는 존중이라는 개념이 포함된다. 분쟁은 법률이 해결해 주거나, 국가를 대신하여 해결하는 것이 아니라 공동체와 관계를 구축하고 재건함으로써 해결된다.5 이는 모든 당사자와 영향을 받은 공동체 구성원이 깊은 상호성과 소속감을 갖고 서로의 말을 경청함으로써 이루어진다.

많은 원주민에게 평화 만들기는 따로 떼어 놓고 형식적으로 실천하는 것이 아니라 존재 방식이며, 우리 서로와 자연 세계와의 상호 연결성과 조화의 필요성을 예리하게 인식하고 살아가는 데 필수적인 부분이다.

하워드 제어Howard Zehr는 "회복적으로 사는 열 가지 방법"을 통해 유사한 방식으로 존재하도록 우리 모두를 초대한다. 일곱 번째 권장 사항에서 경청을 명백하게 언급한다.

7. 연민의 마음으로 다른 사람들의 말을 깊이 경청하라. 상대의 말에 동의하지 않더라도 상대를 이해하려고 노력하라. [옳기만 하려 하기보다는 어떤 사람이 되고 싶은지 생각하라.]

괄호 안의 내용은 우리가 경청하는 이유와 우리가 염두에 두고 있는 선입견이 무엇인지 의식적으로 생각하도록 촉구한다. 명시적으로 언급하지는 않았지만, 경청은 실제로 회복적으로 사는 열 가지 방법 모두에 필수적이다.6 일상에서 경청을 우선순위에 두면, 잠재적으로 피해가 줄고, 그래서 피해와 갈등을 다루는 실천의 필요성이 줄어든다. 경청은 모든 상호관계에서 존재의 새로운 방식과 정의 실천을 위한 잠재력이 생겨나도록 돕는 산파와 같다.

카바Kaba와 하산Hassan은 공식적인 실천 외에도 피해를 줄이는 방식으로 살라고 우리를 초대한다. 변혁적 정의 활동을 이끄는 기준틀 중 하나는 피해 감소로, 그들은 이를 "자기 결정과 다양한 선택지에 대한 비난 없는 접근을 중심에 두며 살아가고, 생존하고, 억압과 폭력에 저항하는 철학… 그리고 치유와 공동체 구축의 결합"이라고 부른다. 여기에서도 사람들을 있는 그대로 만나기 위해서 경청이 필요하다.7

위에서 설명한 모든 접근 방식을 종합하면, 정의의 저울은 현재의 피해 복구 방법을 변화시키는 방향으로 기울고 있다. 경청은 이 과정에 필수적이며, 절실히 필요한 이 변화의 속도를 높인다.

피해를 변혁하고 정의를 실현하기 위한 세부적인 연습

- 당신이 살고 있는 땅을 과거에 점령했거나, 지금도 살고 있는 원주민의 역사와 현대적 공헌에 대해 알아보라. 원주민의 이야기를 들어보라.
- 토지 승인에 대해 알아보고, 당신이 일하거나 사는 곳에서

어느 조직/기관이 그 토지를 의미 있는 방식으로 사용하는지에 알아보라. 지역 원주민 그룹과 협력하여 대화에 참여하지 않는 사람들에게 대화에 참여하도록 권장하라.
- 체제 억압과 사회의 계층 구조 속에서 당신의 위치가 어디인지 알아보고, 제도적 억압과 회복탄력성에 대한 사람들의 이야기를 들어보라. 과거 노예였던 사람들의 후손, 식민지 지역 사람들의 역사와 공헌을 들어보라.
- 당신의 조상, 또 그와는 다른 문화적 배경을 가진 사람들의 평화 만들기 과정에 대해 들어보고, 배우라.
- 하워드 제어의 "회복적으로 사는 열 가지 방법" 전체 목록은 131쪽을 참고하라을 연습하라.
- 당신이 피해를 주는 방식에 대해 생각해 보고, 기회가 된다면, 당신의 말이나 행동이 누군가에게 어떤 영향을 미쳤는지, 그리고 그 피해를 어떻게 치유할 수 있는지 들어보라.
- 지지하는 관점으로 당신이 경험한 피해에 대해 생각해 보라. 피해를 끼친 사람의 책임지는 말을 경청하는 당신의 모습을 상상해 보라. 안전하다면, 그 사람에게 연락하여 그 경험에 대해 이야기하고, 피해를 회복하라.
- 지역 중재, 회복적 또는 변혁적 정의 프로그램에 자원하라.
- 다양한 형태의 대화 진행에 관한 교육을 받으라.

- 지역사회의 폭력, 예를 들어, 경찰과 총기 폭력, 증오 집단이 저지른 폭력, 소외된 사람들에 대한 폭력과 억압을 해결하기 위한 지역사회의 대화 노력에 참여하라.
- 삶의 방식으로서 공정한 경청을 실천하라.

이야기

몇 년 전, 나는 배심원으로 일했다. 배심원단이 심의를 시작하자마자, 우리에게 문제가 있다는 것이 분명해졌다. 다수는 앞으로 나아가는 방법에 대해 동의했지만, 배심원 두 명은 격렬하게 반대했다. 오후 내내 진전이 없었고 다음 날 아침이 돌아왔다. 토론은 추악해졌고 욕설과 눈물이 오가는 격렬한 논쟁으로 끝났다. 어느 순간, 그룹에 동의하지 않는 두 명의 배심원이 우리를 등지고 앉고자 의자를 돌렸다. 토론은 갑자기 끝났다. 대리인은 우리에게 함께 협력하여 타협안을 찾아 보자고 간청했다. 그렇지 않으면, 다음날 내내 그 방에서 보내야 하고 주말에도 그래야 한다고 상기시켜 주었다. 대리인은 점심을 먹고 잠시 휴식하자고 제안했다.

그가 우리 테이블로 피자를 가져오는 동안, 아무도 말하지 않았다. 나는 온몸에 스트레스와 긴장을 느꼈다. 음식을 씹기도 힘들었다. 내가 이야기를 듣는 동안, 나는 방안을 둘러보며 각 사람을 살폈는데, 우리를 보지 않으려고 등을 돌린 채 무릎에 피자를 놓고 먹고 있는 두 사람도 있었다.

나는 어떤 경청 기술을 택하면, 마음의 문을 열고 분노를 돌파할 수 있을까 생각해 보았다. 가장 먼저 호기심이 떠올랐다. 우선 나는 배심원장에게 본인에 관한 이야기를 조금 해달라고 부탁했다. 그는 처음에는 뻣뻣했고, 여전히 화가 나 있었지만, 기꺼이 이야기를 들려주었다. 각 사람이 자기에 관해 조금씩 이야기하자, 등을 돌리고 있던 배심원 중 한 명이 천천히 의자를 테이블 쪽으로 돌렸다. 자기들이 말할 차례가 되었을 때, 그들은 나에게 "무슨 일을 하세요?"라고 물었다. 나는 간단히 우리 가족과 공정한 경청, 그리고 공정한 경청의 자원봉사 프로젝트에 관해 이야기했다. 내가 우리의 교도소 프로젝트를 언급했을 때, 그들은 모두 흥미를 느꼈고 의자를 테이블 쪽으로 돌려놓고 나에게 질문을 퍼부었다. "왜 거기에 가시는 거예요?" "두렵지는 않으세요?"

나는 한 남성의 사연을 나누었다. 그는 민사소송으로 법원 판결에 따라 자기가 취득한 돈 전부를 피해자 가족에게 주었고, 그 후에도 피해자 가족과 관계를 맺어왔다. 복역 마친 후에는 풀려나 그의 가족에게 돌아갔다. 그런데 가슴 아프게도 일주일 후, 성인이 된 그의 아들이 살해당했고, 아들의 장례를 치를 돈이 없어 망연자실할 수밖에 없었다. 이 사실을 알게 된 피해자 가족은 그 남자를 찾아가서 아들의 장례를 제대로 치르는 데 필요한 돈을 주었다. 내가 이야기를 마칠 무렵, 그 배심원은 눈물을 글썽였다. 갑자기 우리는 용서, 사랑, 선함에 관한 대화를 나누게 되었다.

긴장이 사라지고 마음이 부드러워졌다. 배심원장은 테이블에 살짝 기대어 서서 타협을 시도해 보라고 제안했다. 한 시간 반 만에 우리는 타협점을 찾았고, 대리인을 불러 법정으로 돌아갈 준비가 되었다고 말해주었다.

— JL 경청자

10장

경청과 가능성: 변화된 세상

> 자신을 변화시켜 세상을 변화시켜라.
> – 그레이스 리 보그스 Grace Lee Boggs –

공정한 경청은 우리 자신과 타인, 지역사회에 영향을 미칠 잠재력을 가지고 있다. 공정한 경청은 소속감과 안전을 구축하고, 갈등을 변화시키고, 분열을 해소하고, 피해를 치유하며, 사람과 사람 그리고 자연계에 평화의 가능성을 열어준다. 경청은 또한 전체 문화, 사회, 세계를 사랑, 정의, 연민, 형평성의 세상으로 변할 수 있게 한다.1 공정한 경청 습관을 개발하면 변화가 시작된다. 그것을 구현하면 변혁을 촉진한다.

사회 시스템과 제도, 지구 자체가 지각변동을 겪고, 빈곤, 인종차별, 기후변화, 인간의 폭력과 같은 혼동과 불안정성을 겪으면서 우리와 우리의 집인 지구는 위기에 처해 있다. 이로써 역사적 수준의 두려움, 사회적 고립, 외로움, 절망들이 생겨났다. 우리는 이익보다 사람과 생활 시스템을 중요하게 여기고, 소수의 불공평한 이익보다 전체의 복지가 우선시되는 세상을 갈망한다. 이러한 문제는 인간이 만든 것으로, 우리의 생각과 신념에서 시작되었고 집단적 활동을 통해 수행되었다. 우리가 그 문제들을 창조한 것이다.

따라서 우리는 그것을 다르게 창조할 수 있다. 우리는 모든 생명이 균형과 조화 속에서 번창하는 세상, 모두가 책임 의식을 가지고, 책임지며, 공동선을 중심에 두는 정의롭고 공평한 세상을 만들 수 있다. 모든 사람이 집이 있고, 먹고, 교육을 받고, 보살핌을 받고, 사랑받고, 의료 서비스를 제공받고, 의미 있는 일에 대해 정당한 임금을 받는 더 나은 세상을 만들 수 있다. 전쟁과 총기 폭력이 더 이상 없는 곳. 인간이 모든 생명과의 상호 연결성을 존중하고 인정하는 세상. 힘없는 사람들의 목소리에 귀를 기울이고, 그렇게 권력을 재분배하고 전환하며, 소외된 지역사회와 함께 힘을 균형 있게 조절하는 세상 말이다.[2]

사회적 변혁은 개인적 변화에서 시작하여 집단적 변혁을 가져오는 상향식 접근이 필요하다. 변화는 주변부[margin]에서 시작된다. 우리 각자는 매일 모든 만남에서 공정한 경청을 선택함으로써 이러한 변화를 가져올 리더십을 발휘할 수 있다. 우리는 잠시 멈추고, 현존하고, 떠오르는 현재의 필요, 해결책, 가능성, 창의성을 알아차림으로써 대응할 수 있다. 경청의 창의적인 본질이 변화를 일으킨다.

촉망되는 변화

개인 및 공동체가 더 공정한 관계로 변화하고 있다는 증거가 전

세계적으로 나타나고 있으며, 이러한 노력은 집중적인 연구와 자선가들의 관심에 힘입어 추진력을 얻고 있다.3

우리는 변화에 대한 개인적 여정을 통해 지역사회와 더 넓은 세상에 울려 퍼지는 변혁을 이끌어 낸 개인들을 살펴볼 수 있다. 엘살바도르의 오스카 로메로Oscar Romero, 케냐의 환경 그린벨트 운동the environmental Green Belt Movement을 창립한 왕가리 마타이Wangari Maathai, 백인민족주의자이자 백인우월주의자에서 반인종차별주의자로 전향한 데릭 블랙Derek Black, 네오-나치Neo-Nazi에서 전향하여 반혐오, 반폭력 운동을 펼치는 섀넌 마르티네즈Shannon Martinez, 지하디스트Jihadist였다가 전향해서 극단주의에 반대하는 활동을 하는 제시 모튼Jesse Morton. 몇 명만 언급하자면, 이들 모두는 서로를 경청하는 연민 어린 관계 속에서 성장했다. 그들은 마음 깊은 곳에서 우러나오는 지혜를 경청했고, 지역사회의 필요와 갈망에 귀를 기울인 다음, 그들의 통찰을 다른 사람들과 공유하여 그들이 몸담은 시스템과 기관을 변화시켰다.

모든 목소리에 귀를 기울이고 경청 가치를 끌어안아야 할 필요성에 대한 이러한 인식은 전 세계적으로 많은 단체와 초기운동의 조직 구조에서도 발견된다. 소규모 공익 조직에서부터 기업에 이르는 모든 종류의 조직이 새로운 통찰과 조직 변화 방법을 실험하고 있으며, 협력, 사랑, 공동체, 정의와 같은 경청과 경청 가치를 특징으로 하는 작업 업무를 만들어 가고 있다.4 **Black Lives Matter**역자 주: 흑인의 생명도 소중하다는 뜻의 흑인 인권운동 구호, **#MeToo**역자 주: 나도

당했다는 뜻으로 여성 성희롱 및 폭력에 대한 국제 사회의 반성폭력 운동 구호, 점거 운동Occupy Movement, 역자 주: 신자유주의로 인한 불평등을 지적하며 2011년 뉴욕 월가에서 진행된 시위, 지역사회 법원Community Courts, 브라질에서 설립되었고 현재 미국에도 설립된 통합 커뮤니티 치료Integrative Community Therapy, 분야 간 협력체cross-sector partnerships 등의 운동은 모든 목소리에 귀를 기울이는 것을 핵심 실천으로 삼고 있다.5

세계 곳곳의 개인과 단체들은 수천 년 동안 자연의 모든 것에 귀를 기울이고 배웠던 원주민의 오래된 통찰과 관습을 인정하고 소중히 여긴다. 이러한 경청은 협업과 모두를 위한 선the good of all을 운영의 기본 원칙으로 삼을 때, 모든 생명체가 번창한다는 것을 보여준다.

공정한 경청은 개인적, 집단적, 문화적 변혁의 속도를 높이며, 대인 관계에서든 공동체에서든6 인간의 존엄성이 침해되는 모든 장소나 상황에서 잠재적으로 변혁적이다. 본질적으로 긴장되고 폭력적이며 트라우마를 일으키는 환경인 감옥에서도 마찬가지다. 촉망되는 변화 속에서 우리는 함께 경청함으로써 만들어낼 수 있는, 아직은 그려지지 않은 정의와 평화의 세계를 감지할 수 있다.

나비butterflies와 항공 보조 날개trim tabs 되기

우리는 자연계에 귀를 기울임으로써 정의롭고 공평한 세상을 만드는 방법에 관해 더 많은 지혜와 지침을 얻을 수 있다.

예를 들어, 진화 생물학자들은 애벌레가 번데기에 들어가 나비가 되는 자연스러운 변형 과정을 오랫동안 주목해 왔다. 애벌레의 붕괴하는 몸disintegrating body 안에 성충판imaginal discs이라고 불리는 숨은 조직이 있는데, 이 조직들은 하나의 나비가 탄생하는 과정을 활성화한다.

> 우리는 연결의 그물망을 구축하고 있다. 나는 언어의 변화, 사회적 결속력 및 지역사회 결속력 강화, 네트워크 연결 등 연결 폭이 커지는 것을 본다. 모든 목소리를 경청해야 한다는 인식이 커지고 있다. 우리는 의도적으로, 일부러 서로의 목소리에 귀를 기울일 필요가 있다.
>
> —프라바 산카나라얀Prabha Sankanarayan

성충판이 성숙하여 성충 세포가 되면 새로운 패턴을 형성해서 애벌레의 붕괴하는 몸을 나비로 변형시킨다. 그러나 애벌레는 죽지도 분해되지도 않는다. 처음부터 숨겨진 목적은 변형되어 나비로 다시 태어나기 때문이다.

우리 인간과 사회 시스템 모두, 무엇이 될지 아직 알지 못한 채 분해되는 몸과 성충의 세포다. 경청은 우리가 새롭고, 정의롭고, 공평한 세상을 상상할 수 있는 새로운 사람으로 변화하고 다시 태어나도록 하는 필수 요소이다. 아직 여기에 없는 것, 현재의 것을 개혁하는 것이 아니라 새로운 것이 무엇인지 상상하기는 어렵다. 하지만 가능하다. 우리는 달라질 수 있다. 우리 세상은 우리가 이

미 알고 있다고 생각하는 것 너머의 어떤 모습으로 변형될 수 있다.7

이러한 변화를 만들기 위해, 우리는 우리 자신부터 시작해야 한다. 내면의 경청에 참여하면서 비난, 판단, 두려움, 반응의 오래된 패턴을 버릴 때 개인적 변화가 일어난다. 이때 우리는 내면의 일관성coherence과 공명resonance의 장소에 도달하게 된다. 우리는 모든 사회적 관계와 공간에서 존재하고 경청하는 법을 배운다. 그렇게 할 때라야 사랑, 정의, 치유, 변화의 원천이 될 수 있고 우리의 상상력과 다른 사람들의 상상력을 활성화할 수 있다.

집단적 대규모 변화는 충분한 수의 인간 "성충 세포"같은 의식적 상상에 참여하는 사람들이 공동체와 의식을 연결하여 "사랑, 감사, 관대함, 연민으로 충만"하게 될 때 발생한다.8 이런 식으로, 공정한 경청은 비행기의 트림 탭9 처럼 작은 개입을 통해 거대한 결과를 낳는다. 우리가 어디에 있든지 우리는 모두 트림 탭, 즉 변혁적 변화의 작은 중재자가 될 수 있다.

상상력을 불러일으키고 새롭고 정의로운 세상의 가능성 속에서 살아갈 때, 변화가 펼쳐진다. 인류에게 너무도 필수적인 상상력이 일상적으로 발휘되고 표현될 때까지, 우리는 연습을 통해 상상력이라는 방대한 자원과 꿈에도 생각지 못했던 가능성, 해결책, 자원을 활성화한다.

이 새로운 세상으로의 전환이 가능하지 않다고 선언하고 절망에 빠져들고 싶은 유혹을 충분히 이해한다. 우리는 취약한 사회 질서의 모든 단계에서 불의와 분열을 헤쳐나가고 있기 때문이다. 그러나 급진적인 경청이 해독제이다. 우리에게 필요한 상상하지 못한 해결책은 한 사람이나 관점이 아니라 우리의 집단적 정신, 마음, 상상력에 있다. 우리 각자는 자기 내면의 문제에 관한 해결책을 가지고 있을 뿐만 아니라, 함께 인류에 대한 비전과 변혁적 역량을 가지고 있다.10

정의, 치유, 변혁, 그리고 사랑

모든 경청 상호작용은 치유, 회복, 변화의 잠재력을 가지고 있다. 경청 실천을 도입해서 우리 자신과 세상을 변화하는 작업은 화려하지 않다. 두 귀와 용기, 열린 마음, 배려하는 사람들, 관계를 구축하는 데 필요한 시간을 기꺼이 내는 것만 있으면 된다.

경청은 사랑, 정의, 치유, 변화의 급진적인 행위이다. 그중에 제일은 사랑이다. 모든 것은 사랑으로 고쳐지고 변형된다. 그것은 우주에서 가장 강력한 힘이며, 무한하고 알 수 없는 잠재력의 양자적 힘이며, 조건과 제한이 없다.

이 프로젝트를 함께 진행하는 것은 그 자체로 공정하게 경청하는 연습이었다. 이 협업은 삶을 긍정하고 지속시켜 왔다. 우리의 관계를 더욱 깊게 하고, 공동체로서 우리를 결속하고, 우리가 사랑, 정의, 치유, 변화의 삶에 더 헌신하게 했다. 참여자는 많지만, 이 책에 활력을 불어넣는 것은 바로 하나의 마음, 즉 한 마음이다. 함께, 우리는 혼자서는 상상하지 못했던 새로운 것을 창조했다.

정의와 사회 변화의 여정은 도전적이고 우리를 낙담하게 할 수 있다. 경청 연습을 받아들이는 것 자체가 변화이며, 변혁적이다. 끊임없는 연민과 급진적인 겸손, 공정한 경청으로 이 길을 함께 여행하기를 바란다.

회복적으로 사는 열 가지 방법

하워드 제어 Howard Zehr

1. 관계를 진지하게 받아들이고, 사람, 기관, 환경의 상호 연결된 그물망 속에 있는 자신을 마음에 그려보라.
2. 당신의 행동이 다른 사람과 환경에 미치는 잠재적, 실제적 영향을 모두 인식하라.
3. 당신의 행동이 다른 사람에게 부정적인 영향을 미칠 때, 이를 인정하고 그 책임을 지고, 이를 복구하려고 노력하라. 피하거나 부인해도 괜찮을 때도 그렇게 하라.
4. 모든 사람을 존중하며 대하라. 다시 만날 것 같지 않은 사람, 그럴 자격이 없다고 생각하는 사람, 당신이나 다른 사람에게 해를 끼치거나 불쾌감을 준 사람에게도 그렇게 하라.
5. 의사 결정의 영향을 받는 사람들을 가능한 한 모두 의사 결정 과정에 참여시켜라.
6. 당신 삶 속의 갈등과 피해를 기회로 여겨라.
7. 연민의 마음으로 다른 사람들의 말을 깊이 경청하라. 상대

의 말에 동의하지 않더라도 상대를 이해하려고 노력하라. [옳기만 하려 하기보다는 어떤 사람이 되고 싶은지 생각하라.]

8. 상대의 말이 어렵더라도 대화에 참여하고, 그들에게서, 그 만남에서 배우려는 열린 마음으로 임하라.
9. 다른 사람과 상황에 당신의 "진리"와 의견을 강요하지 않도록 조심하라.
10. 성차별, 인종차별, 동성애 혐오, 계급 차별을 포함한 일상의 부정의에 민감하게 맞서라.

추천 도서 목록

광범위하고 주기적으로 업데이트되는 참고자료 목록 및 학습 가이드를 위해서는 http://justlistening.net/the-little-book-of-JUST-listening/을 보라.

인터넷에 접속할 수 없는 독자의 경우 학습 가이드나 참고자료 목록을 다음 주소로 요청하기 바란다. JUST Listening, 26 W. Gowen Avenue, Philadelphia, PA 19119

공동체와 연결

- Block, Peter. (2018). *Community: The Structure of Belonging* (2nd ed.). Berrett-Koehler Publishers.

- Brown, Brené. (2021). *Atlas of the Heart: Mapping Meaningful Connection and the Language of Haman Experience*. Random House,

- hooks, bell. (2003). *Teaching Community: A Pedagogy of Hope* (1st ed.). Routledge.

경청

- Lindahl, Kay. (2001). *The Sacred Art of Listening: Forty Reflections for Cultivating a Spiritual Practice*, SkyLight Paths.

- Murphy, Kate. (2020). *You're Not Listening: What You're Missing and Why It Matters* (Reprint). Celadon Books.

- Peavey, Fran (2019). *Strategic Questioning Manual: A Powerful Tool for Personal and Social Change*. The Commons Social Change Library. https://commonslibrary.org/strategic-questioning/#:~:text=Strategic%20questioning%20is%20an%20approach,strategies%20and%20ideas%20for%20change.

- Shafir, Rebecca. (2003). *The Zen of Listening: Mindful Communication in the Age of Distraction* (New edition). Quest Books.

기타

- Banaji, Mahzarin, and Anthony Greenwald. (2016). *Blindspot: Hidden Biases of Good People* (Reprint). Random House Publishing Group.

회복적 정의와 변혁적 정의

- Kaba, Mariame, and Shira Hassan (2019). *Fumbling Towards Repair: A Workbook for Community Accountability Facilitators*. Project NIA and Justice Practice.

- Kimmerer, Robin. W. (2015). *Braiding Sweetgrass: Indigenous •Wisdom, Scientific Knowledge and the Teachings of Plants* (First Paperback). Milkweed Editions.

- Valandra, Edward C. (Wanbli Waphaha Hoksila) (ed.). (2020). *Colorizing Restorative Justice: Voicing Our Realities*. Living Justice Press.

사회변화와 변혁

- Bridle, James. (2022). *Ways of Being: Animals, Plants, Machines: The Search for a Planetary Intelligence*. Farrar, Straus, and Giroux.
- brown, adrienne maree. (2017). *Emergent Strategy: Shaping Change, Changing Worlds (Emergent Strategy, 0)* (Reprint). AK Press.
- Hersey, Tricia. (2022). *Rest Is Resistance: A Manifesto*. Little, Brown Spark.
- Wheatley, Margaret J. (2023). *Who Do We Choose to Be? Facing Reality. Claiming Leadership, Restoring Sanity*. (Second Edition). Oakland, CA. Berrett-Koehler Publishers, Inc.

트라우마

- Menachem, Resmaa. (2017). *My Grandmother's Hands: Racialized Trauma and the pathway to Mending Our Hearts and Bodies*. Central Recovery Press.
- Van der Kolk, Bessel. (2015). *The Body Keeps the Score: Brain, Mind, and Body in the Healing of Trauma*. Penguin Publishing Group.

도움 주신 분들

아래 경청자들은 이 책을 위해 자료를 제공해 주었다.

브루스 바인브리지
찰스 바세트
샤론 브라우닝
에릭 벌리
칼 쿠퍼
조 칼란
메리 칼란
버나뎃 M. 크로닌-겔러
도나 더피
리사 페익스
캐시 플라허티
테렌스 그래햄
피터 호간
프레드 마곤두
캐서린 만니온
브렌나 맥긴니스
주디 밀러
케네스 밀러

케빈 마인스
조린 모코스
야히야 존 무어
잭 니콜스
프랭크 파미에리
메레디스 펜
폴 페리
펠릭스 로사도
엘라 로즈
카림 샘슨
버질 셔우
래리 스티븐슨
래리 스트롬버그
트리시아 웨이
플로이드 윌슨
안드레 라이트
다이엔 자이그

미주

1장

1. Martin Luther King, Jr., "Where Do We Go from Here?" (speech), August 16, 1967, Southern Christian Leadership Conference, Atlanta, Georgia, YouTube, Uploaded by CDBaby, 11/14/15, https://www.youtube.cim/watch?v=3e0C5rZAjfM.
2. Dalai Lama and Desmond Tutu, 2016, *The Book of Joy: Lasting Happiness in a Changing World*, New York, Avery, ix. 달라이 라마, 데스몬드 투투, 더글라스 에이브람스, 이미영, 장한라 번역, 『기쁨의 발견』, 위즈덤하우스, 2017.

2장

1. 참고할 만한 자료는 "The Trust Network Resource Library," Trust Network를 보라. https://www.thetrustnetwork.net/resource-library#search-the-library.
2. 존 T. 카치오포(John T. Cacioppo)의 연구가 도움이 될 것이다. 간략한 개관을 위해서는, John Cacioppo, "The Lethality of Loneliness," September 9, 2013, TEDx Des Moines, TED video, 18:44, https://www.youtube.com/watch?v=_0hx103JoA0.을 보라. 또한 Brené Brown, *Atlas of the Heart: Mapping Meaningful Connection and the Langauage of Haman Experience* (New York: Random House, 2021), 179; Julianne Holt-Lunstad, Timothy B. Smith, and J. Bradley Layton, "Social Relationships and Mortality Risk: A Meta-Analytic Review," *PLoS Medicine* 7, no. 7(2010): 1-20, Brown, *Atlas of the Heart*, 180에서 재인용.
3. Bethany Rittle-Johnson, Megan Saylor, and Kathryn E. Swygert, "Learning from Explaining: Does It Matter If mom Is Listening?," *Journal of Experimental Child Psychology* 100, no.3(July 2008):215-24, http://doi.org/10.1016j.jecp.2007.10.002; Robert M. Krauss, "The Role of the Listener: Addressee Influences on Message Formulation," *Journal of Language and Social Psychology* 6, no. 2 (June 1987): 81-98, http://doi.org/10.1177/0261927X8700600201; Kate Loewenthal," The Development of Codes in Public and Private Language, " Psychonomic Science 8, (1967): 449-50, http://doi.org/10.3758/BF03332285, Kate Murphy, You're Not Listening: What You're Missing and Why It Matters(New York: Celadon Books, 2019), 148에서 재인용. Center for Addiction and Mental Health, "Stress, " CAMH (website), 날짜 표기 없음, https://www.camh.ca/en/health-info/mental-illness-and-addiction-index/stress#:~:text=When%20stress%20becomes%20overwhelming%20and,complaints%20such%20as%20muscle%20tension. 애도 연구는 Francis Weller, *The Wild Edge of Sorrow* (Berkeley, CA: North Atlantic Books, 2015)를 보라. 트라우마 연구는 Evelyn Jaffe Schrieber, 편, *Healing Trauma*:

The Power of Listening (New York: International Psychoanalytic Books, 2015)를 보라.

4. Daniel Siegle, *The Developing Mind: Toward a Neurobiology of Interpersonal Experience* (New York: Guilford Press, 1999); Mark Brady, "Why Your Story One-Upping My Story Is Bad for My Brain … and yours," *Flowering Brain* (blog), April 26, 2015, https://floweringbrain.wordpress.com/2015/04/26/why-your-story-one-upping-my-story-is-bad-for-my-brain-and-your/.

5. Jonas T. Kaplan, Sarah I. Gimbel, and Sam Harris, "Neural Correlates of Maintaining One's Plitical Beliefs in the Face of Counterevidence," *Scientific Reports* 6(December 2016): https://doi.org/10.1038/srep39589.

6. Kenneth Cloke, "Bringing Oxytocin into the Room: Notes on the Neurophysiology of Conflict," Mediate.com, January 19, 2009, https://mediate.com/bringing-oxytocin-tinto-the-room-notes-on-the-neurophysiology-of-conflict/.

7. James Bridle, *Ways of Being: Animals, Plants, Machines: The Search for a Planetary Intelligence* (New York: Picador, 2022), 17. 인간 이상의 세상(more-than-human world)이란 용어는 인간이 스스로를 자연 세계와 분리하는 경향을 바꾸기 위해 데이빗 아브람(David Abram)이 처음 사용하기 시작했다. 여기에는 "생물권의 모든 주민, 즉 동물, 식물, 박테리아, 균류 및 바이러스가 포함된다. 또한 우리를 지탱하고, 흔들고, 그림자를 드리우는 강, 바다, 바람, 돌 및 구름이 포함된다."

8. Linda Bell Grdina, Nora Johson, and Aaron Pereira, "Connecting Individual and Societal Change," *Stanford Social Innovation Review* (2020): https://doi.org/10.48558/A67W-CT94.

9. Derrick Jensen, *A Language Older Than Words* (White River Junction, VT: Chelsea Green Publishing Company, 2000), 372.

3장

1. Nick Obelensky, *Complex Adaptive Leadership: Embracing Paradox and Uncertainty* (Burlington, VT: Gower, 2014); adrienne maree brown, *Emergent Strategy: Shaping Change, Changing Worlds* (Chico, CA: AK Press, 2017), 3에서 재인용.

2. Fred Magon여, "Dignity and Restorative Justice," *Internet Journal of Restorative Justice* (website), August 2021, https://www.rj4allpublicaitons.com/product/dignity-and-restorative-justice/.

3. Danielle Sered, *Until We Reckon* (New York: New Press, 2021), 14.

4. Brown, *Atlas of the Heart*, 123.

5. 이를 위해 Emile Bruneau의 연구를 보라. Emile G. Bruneau, Rebecca Saxe. "The power of being heard: The benefits of 'perspective-giving' in the context of intergroup conflict," *Journal of Experimental Social Psychology* 48, no. 4, 2012, 855-866, https://doi.org/10.1016/j.jesp.2012.02.017.
EG Bruneau, M. Cikara, R. Saxe. "Parochial empathy predicts reduced altruism and the endorsement of passive harm," *Social Psychological and Personality Science*, 2017.
Emile: The Mission of Emile Bruneau of the Peace and Conflict Neuroscience Lab, 2021. Annenberg School for Communication, YouTube video. https://www.youtube.

com/watch?v=kJvfqft5v9U.
6. Peter Block, *Community: The Structure of Belonging* (Oakland, CA: Berret-Koehler Publishers, 2018), 1, 190.

4장

1. Paulo Freire, *Pedagogy of the Oppressed* (New York:Seabury Press, 1970), 5. 파울로 프레이리, 남경태, 허진 옮김, 『페다고지』, 그린비, 2020.

5장

1. 자세한 내용은 데보라 태넌의 많은 책과 기사를 참조하세요. cloke, "방에 옥시토신을 가져오기"; Helen Riess, "공감의 과학", *Journal of Patient Experience* 4 no.2(2017): 74-77, http://doi:10.1177/2374373517699267; Vilayanur Ramachadran, "문명을 형성한 뉴런", 2009, TEDIndia, TED 비디오, 7:27, http://www.ted.com/talks/vilayanur_ramachandran_the_neurons_that_shaped-civilization?language=en.
2. 셀리는 많은 교도소에서 교도소 감방 동료를 부르는 속어임.

6장

1. Shankar Vedantam, "Mind of the Village: Understanding Our Implicit Biases," *Hidden Brain*, June 20, 2020, radio bradcast, text and audio, 5:30, https://www.npr.org/2020/06/20/880379282/the-mind-of-the-village-understanding-our-implicit-biases.
2. Sara Konrath, Edward O'Brien, and Courtney Hsing, May 2011. "Changes in Dispositional Empathy in American College Students over Time: A Meta-Analysis," *Personality and Social Psychology Review* 15(2): 180-98.
3. M. Kingwell, *Unruly Voices: Essays on Democracy, Civility and the Human Imagination* (Ontario: Biblioasis, 17), quoted in World Economic Forum, *The Global Risks Report 2019* (Geneva: World Economic Forum, 2019), 41, https://www3.weforum.org/docs/WEF_Global_Risks_Report_2019.pdf.
4. 이 연구에서는 인간의 2.5%만이 효과적인 멀티태스킹을 할 수 있다는 것을 발견했다. Jason M. Watson and David L. Stryer, "Supertaskers: Profiles in Extraordinary Multitasking Ability," *Psychonomic Bulletin & Review* 17(2010): 479-85, https://doi.org/10.3758/PBR.17.4.479. 또한 Murphy, *You're Not Listening*, 261을 참조하라.
5. Gloria Mark, Daniela Gudith, and Ulrich Klocke, "The Cost of Interrruped Work: More Speed and Stress," *Proceedings of the Conference on Human Factors in Computing Systems* (April 2008): 107-10, https://doi.org/10.1145/1357054.1357072..
6. Stefan Tams et al., "Grappling with Modern Technology: Interruptions Mediated by Mobile Devices Imact Older Workers Disproportionately," *Information Systems and E-Business management* 20(2022): 635-55, https://hr.berkeley.edu/impact-interruptions; Brandon T. McDaniel, "Parent Distraction with Phones, Reasons for Use, and Impacts on Parenting and Child Outcomes: A Review of the Emerging Research,"

Human Behaior and Emerging Technologies 1, no. 2 (April 2019): 69-175, https://doi.org/10.1002/hbe2.139; "The Impact of Interruptions," Berkeley People & Culture, University of California Berkeley, n.d., https://doi.org/10.1038/s41467-020-17255-9.

7. Julie Tseng and Jordan Poppenk, "Brain Meta-State Trasitions Demarcate Thoughts across Task Contexts Exspsing the Mental Noise of Trait Neuroticism," *Nature Communications* 11(2020): https://doi.org/10.1038/s41467-020-17255-9.

8. Matthew A. Killingsworth and Daniel T. Gilbert, "A Wandering Minds Is an Unhappy Mind," *Science* 330, no. 6006 (November 12, 2010): 932, https://doi.org/10.1126/science.1192439.

9. 이 단락에서 다루는 에고에 대한 정보와 관점은 에고에 대한 에카르트 톨레의 다채롭고 통찰력있는 논의에 기초하고 있다. Eckhart Tolle, *A New Earth* (New York, Penguin, 2005), 특별히 제3장을 참고하였다. 10. Don H. Zimmermann and Candace West, "Sex Roles, Interruptions and Silences in Conversation," in *Amsterdam Studies in the Theory and History of Linguistic Science*, Vol. 4, ed. Konrad Koerner (Amsterdam: John Benjamins, 2991), 211-36; Helen Riess, "The Science of Empathy," *Journal of Patient Experience* 4, no. 2(June 2017): 74-77, https://doi.org/10.1177/2374373517699267; Charles Derber, *The Pursuit of Attention: Power and Ego in Everyday Life*, 2nd ed. (London: Oxford University Press, 2000).에크하르트 톨레, 류시화 옮김, 『삶으로 다시 떠오르기』, 연금술사, 2013.

11. Deborah Gray White, *Ar' n' t I a Woman?: Famale Slaves in the Plantation South* (New York: W.W. Norton, 1999); Daphna Motro et al., "The 'Angry Back Woman' Stereotype at Work," *Harvard Business Review*, January 31, 2022, https://hbr.org/2022/01/the-angry-back-woman-stereotype-at-work.

12. Mahzarin R. Banaji and Anthony Greenwald, *Blind Spot: Hidden Biases of Good People* (New York: Bantam Books, 2016).

13. Susan Cain, *Quiet: The Power of Introverts in a World That Won`t Stop Talking* (New York: Crown Publishing, 2013).

14. 일상의 대화에서 자주 사용되는 폭력적 용어들에 대한 포괄적인 이해를 위해서는 "Violent Phrases That Are Used in Everyday Speech," Center for Hope & Safety, n.d., https://hopeandsafety.org/learn-more/violent-language/를 보라. 대체 용어 및 표현에 대한 제안은 Elizabeth Grim, "AdoptingInclusive and Non-Violent Language: Part 2," Elizabeth Grim Consulting, March 17, 2021, https://elizabethgrim.com/adopting-inclusive-and-non-violent-language-part-2/를 보라.

7장

1. Fran Peavey, *Strategic Questioning Manual: A Powerful tool for Persoanl and Social Change* (Melbourne: The Commons Social Change Library, n.d.), https://commonslibrary.org/strategic-questioning.

2. Brené Brown, "Brené Brown on Empathy vs. Sympathy," YouTube video, 2:53, https://www.youtube.com/watch?v=KZBTYViDPlQ.

3. Parker Palmer, *A Hidden Wholeness: The Journey Toward an Undivided Life* (San Francisco: Jossey-Bass, 2009).파커 팔머, 김지수 번역, 『다시 집으로 가는길』, 한언, 2014.

4. Bernard Lee, "Rules for A Dialogic Community" (lecture, ForMission, Religious Formation Conference, Oblate School of Theology, San Antonio, TX, Spting 2004, Annmarie Sanders, *However Long the Night: Making Meaning in a Time of Crisis: A Spiritual Journey of the Leadership Conference of Women Religious* (self-pub., CreateSpace Iindependent Publishing Platform, 2018), 58-59에서 재인용.
5. Samantha Melamed, "Inmates Allege 'Hate Crimes' by Staff at SCI Phoenix, Pennsylvania's Newest Prison," *Philadelphia Inquirer*, September 4, 2018, https://www.inquirer.com/philly/news/pennsylvania-prison-strike-sci-phoenix-graterford-department-of corrections-20180904.htmal.

8장

1. Rose M. Perrine, "On Being Supportive: The Emotional Consequences of Listening to Another's Distress," *Journal of Social and Personal Relationships* 10, no. 3(1993): 371-84, https://doi.org/10.1177/0265407593103005; Tzvi Michelson and Avraham Kluger, "Can Listening Hurt You? A Meta-Analysis of the Effects of Exposure to Trauma on Listener's Stress, *International Journal of Listening* 37, no. 1(2023): https://doi.org/10.1080/10904018.2021.1927734.
2. Brown, *Atlas of the Heart*, 125.
3. Bessel van der Kolk, *The Body Keeps the Score: Brain, Mind, and Body in the Healing of Trauma* (London: Penguin Books, 2015).
4. Grdina, Johnson, and Pereira, "Connecting Individual and Societal Change."
5. Ibid.

9장

1. 이 꿈은 Linderman, Frank Bird, *Plenty-coups: Chief of the Crows* (Lincoln: University of Nebraska Press, 2002)에 수록되어 있다. (최초로는 1890년 1월에 출간되었다) 그리고 이 꿈이 붕괴의 시절에 가졌던 의미는 Jonathan Lear, *Radical Hope: Ethics in the Face of Cultural Devastation* (Cambridge, MA: Harvard University Press, 2008)에서 폭넓게 다뤄지고 있다.
2. Edward C. Valandra and Wangbli Waphaha Hoksila, eds., *Colorizing Restorative Justice: Voicing Our Realities* (Saint Paul, MN: Living Justice Press, 2020).
3. Miriam Kaba and Shira Hassan, *Fumbling Towards Repair: A Workbook for Community Accountability Facilitators* (Chico, CA: AK Press, 2019).
4. 더 깊이 있는 논의를 위해서는 Kaba and Hassan, *Fumbling Towards Repair*와 Dennis Sulivan and Larry Tifft eds., *Handbook of Restorative Justice: A Global Perspective* (London: Routlege, 2007)의 제38장, M. Kay Harris, "Transformative Justice,"을 보라.
5. Robert Yazzie and James Zion, "Restorative Justice Practices of Native American, First Nation and Other Indigenous People of North America: Part One," 회복적 정의 국제기관 International Institute of Restorative Practices의 로라 머스키Laura Mirsky가 2004년 4월 27일에 행한 인터뷰.
https://www.iirp.edu/news/restorative-justice-practices-of-native-amerian-first-

nation-and-other-indigenous-people-of-north-america-part-one.
6. Howard Zehr, *The Little Book of Restorative Justice* (New York: Good Books, 2002), 하워드 제어, 조균석 외 옮김, 『회복적 정의/사법 리틀북』, 대장간, 2024.
7. Kaba and Hassan, *Fumbling Towards Repair*, 7. 카바와 하산은 '피해 감소'의 개념은 "Queer and Transgender people of color, drug users, people in the sex trade and survivors of the HIV/AIDS epidemic"에서 얻은 것이라고 밝힌다

10장

1. 학자들 중에 벨 훅스(bell hooks), 바바라 러브(Barbara Love), 아드리엔 마리 브라운과 피터 블록 등은 변혁적인 공동체를 탄생시키는 구성 요소에 대한 새롭고 필요한 통찰력을 주었다.
2. Mohan Jyoti Dutta, "A Culture-Centered Approach to Listening: Voices of Social Change," *International Journal of Listening* 28, no. 2(2014): 67–81, https://doi.org/10.1080/10904018.2014.876266.
3. Grdina, Johnson, and Pereira, "Connecting Individual and Societal Change."
4. Frederic Laloux, *Reinventing Organizations: A Guide to Creating Organizations Inspired by the Next Stage of Human Consciousness* (Brussels, Belgium: Nelson Parker, 2014).
5. David Sloan Wilson, *Does Altruism Exist? Cultures, Genes, and the Welfare of Others* (New Haven, CT: Yale University Press, 2015)
6. 미국에서는 트라우마 관련 돌봄의 최신 과학적 지식과 트렌드를 미국 전지역의 행동 계획에 통합하도록 계획을 수립중에 있으며, 펜실베이니아주에서는 트라우마 관련 실천을 형사사법제도에 적용하려는 노력을 기울이고 있다. 공정한 경청은 이 희망적이고도 은근 변혁적인 모든 작업이 효과를 거두는데 필수적이다.
7. Barbara Marx Hubbard, *Conscious Evolution: Awakening the Power of Our Social Potential* (Novato, CA: New World Library, 1998), 10.
8. James O'Dea, *The Conscious Activist: Where Activism Meets Mysticism* (London: Watkins Publishing, 2014), 218
9. 트림 탭은 항공기의 방향타나 날개 및 기타 부위에 부착된 경첩이 달린 작은 금속 조각으로, 약간의 압력과 움직임으로 선박이나 비행기를 돌리거나 수평으로 조정한다. 아주 작은 변화도 큰 결과를 가져온다.
10. Jean Houston의 책을 보라.

> 경청의 중요한 요소는
> 무의식적인 생각을 의식화하는
> 연습을 통해 전달되는 내용을 정확하게
> 인식할 수 있도록 하는 것이다.